# JAPANESE SHORT STORIES FOR BEGINNERS:

## 10 Fun and Easy Tales of Everyday Life in Japan

*Learn with Tomoko*

*and*

*Discover the Language and Culture of Japan*

**Japanese Short Stories for Beginners: 10 Fun and Easy Tales of Everyday Life in Japan**

**Subtitle:** *Learn with Tomoko and Discover the Language and Culture of Japan*

is designed to make your first steps into Japanese both enjoyable and practical.

Each story follows Tomoko, a young woman navigating her daily life in Japan. As you read about her adventures, conversations, and cultural experiences, you'll pick up real Japanese words and phrases in context—just as if you were living there yourself.

To support your learning, every story includes:

1. **The Original Japanese Story** – a simple, engaging tale that introduces useful vocabulary.

2. **Paragraph-by-Paragraph English Translation** – so you can check your understanding without getting stuck.

3. **Bilingual Summary** – a quick way to review the main ideas in both Japanese and English.

4. **Vocabulary List** – with Romaji and English translations to help you pronounce and remember key words.

5. **Practice Quiz** – questions in both Japanese and English, complete with answers, to test your progress.

With Tomoko as your guide, you'll not only strengthen your Japanese but also get a window into everyday life and culture in Japan.

# Table of Contents

# はじめに

初心者向けで、楽しく効果的な日本語の本をお探しですか？

もう探す必要はありません！『初心者向け日本語短編集：トモコと過ごす忘れられない10の物語』は、日本語学習の旅を始めるすべての人にとって、究極の一冊です。

各物語は、以下の5つのセクションで構成されています：

1. 日本語の物語：トモコという名前の若い女性を主人公にした、魅力的で心に残る物語です。彼女の日常生活や行動、人間関係に触れながら読み進めるうちに、自然と日本語の単語が理解できるようになるでしょう。また、日本独自の文化についてもより深く知ることができます。

2. 段落ごとに英語訳が付いたストーリー：日本語の物語がよく分からなかった場合は、こちらをご覧ください。内容を完全に理解できるでしょう。

3. 日本語と英語の要約：ストーリーの内容を復習し、理解度を確認するのに役立ちます。

4. 語彙リスト：物語に登場する重要かつ実用的な語彙をまとめています。発音しやすいよう、すべての語にローマ字表記と英語訳を付けました。

トモコと一緒に日本語学習の次のステップへ進みましょう！彼女の視点を通して日本の生活を体験しながら、同時に日本語を習得していきましょう。

# CHAPTER 1
## ガチャガチャ – Gachapon

ある日、近くを歩いていると、新しいお店に気づきました。何台かの日本の自動販売機が置かれており、同じ機械をよく見かけます。中には商品が詰められていて、ハンドルを回すと商品が出てくる仕組みになっています。

トモコはこれまでガチャガチャで遊んだことがありませんでした。しかし、多くの若い女性たちが楽しそうにカプセルを開けているのを見て、自分もやってみたいと思いました。

トモコは店内で一番人が集まっているガチャガチャの前に向かいました

そのガチャガチャの価格は400円で、ポケモンの人形が出てくるようです。

かわいい！これに決めた！

仕組み今まで遊んだ若い女性楽しそう開けている自分も一番集まっている前向かいます値段400円人形決めた

ある日、近くを歩いていると、新しいお店に気づきました。何台かの日本の自動販売機が置かれており、同じ機械をよく見かけます。中には商品が詰められていて、ハンドルを回すと商品が出てくる仕組みになっています。

トモコはこれまでガチャガチャで遊んだことがありませんでした。しかし、多くの若い女性たちが楽しそうにカプセルを開けているのを見て、自分もやってみたいと思いました。

トモコは店内で一番人が集まっているガチャガチャの前に向かいます。

そのガチャガチャの価格は400円で、ポケモンのフィギュアが出てくるようです。

かわいい！これに決めた！

トモコはゆっくりとコインを投入口に入れた。

100円、200円、300円、400円。

緊張しながら、トモコはハンドルを握って回しました。

ドキドキしながらカプセルを開けました。

ピカチュウの人形だ！やった！

お財布を確認すると、まだ100円玉が入っていました。

トモコはもう一度、ガチャガチャをしようと思いました。

しかし、再びハンドルを回すと、出てきたのは同じピカチュウでした。

かわいいけど、2つもいらないなあ。どうしよう……。

トモコが内心でがっかりしていると、横から男性が声をかけてきました。

「ねえ、よかったら交換しない？」

振り向くと、背の高い男性が別のポケモンの人形を手にのせて立っていました。

The price of the gachapon was 400 yen, and it seemed you could get a Pokémon figure from it.

二人はその後、連絡先を交換し、時々一緒にガチャガチャを楽しむようになりました。

# ガチャガチャ/Gachapon

トモコは近くのショッピングセンターによく行きます。ある日、新しいお店がオープンしていることに気づきました。

Tomoko often goes to a nearby shopping center. One day, she noticed a new store had opened. 何のお店だろう？

What kind of store is it?

トモコがのぞいてみると、そこには何台ものガチャガチャが並んでいました。

日本では、自動販売機と同じくらいガチャガチャの機械をよく見かけます。

When Tomoko take a peek inside, there are many gachapon machines. In Japan, you see gachapon machines almost as often as vending machines.

ガチャガチャの中には、カプセルに入ったおもちゃが入っています。コインを入れてガチャガチャのハンドルを回すと、カプセルがコロンと出てくる仕組みです。

The Gachapon machine contains toys packed into capsules. The mechanism is simple: you insert some coins, turn the gachapon handle, and a capsule rolls out.

トモコはこれまでガチャガチャで遊んだことがありませんでした。しかし、多くの若い女性たちが楽しそうにカプセルを開けているのを見て、自分もやってみたいと思いました。Tomoko had never played gachapon before. But when she saw so many young women happily opening their capsules, she wanted to try it herself.

トモコは店内で一番人が集まっているガチャガチャの前に向かいます。

Tomoko walked over to the gachapon machine with the most people gathered around it.

そのガチャガチャの価格は400円で、ポケモンのフィギュアが出てくるようです。

かわいい！これに決めた！

Cute! I'll go with this one!

トモコはゆっくりとコインを投入口に入れた。

100円、200円、300円、400円。

Tomoko slowly put the coins into the slot.

100 yen, 200 yen, 300 yen, 400 yen.

緊張しながら、トモコはハンドルを回しました。ドキドキしながらカプセルの蓋を開けます。

Feeling a little nervous, Tomoko turned the handle. Her heart pounding, she opened the capsule.

ピカチュウの人形だ！やった！

It's a Pikachu figure! Yay!

お財布を確認すると、まだ100円玉がありました。トモコはもう一度ガチャガチャをしようと思いました。

When she checked her wallet, she still had some 100-yen coins left. Tomoko decided to try the gachapon one more time.

しかし、再びハンドルを回すと、出てきたのは同じピカチュウでした。

But when she turned the handle again, the same Pikachu appeared.

かわいいけど、2つもいらないなあ。どうしよう……。

It's cute, but I don't need two. What should I do?

トモコが内心でがっかりしていると、横から男性が声をかけてきました。

ねえ、よかったら交換しない？

As Tomoko felt disappointed, the man next to her spoke up. Hey, would you like to trade?

振り向くと、背の高い男性が別のポケモンの人形を手にのせて立っていました。

She turned around and saw a tall man holding a different Pokémon figure in his hand.

僕の妹はピカチュウが好きなんだ。でも、なかなか当てられなくて困っ
ているんだよ。

"My little sister loves Pikachu, but I've had a hard time getting
one for her.

その男性はカプセルを何個も持っていました。

きっとピカチュウが出るまで、何度も挑戦したのでしょう。

The man had several capsules with him. He must have tried many times
until he finally got a Pikachu.

トモコはその中から好きなキャラクターを選びました。

ありがとう。ピカチュウ以外の人形も欲しかったの。

Tomoko decided to choose her favorite character from her
collection. Thank you. I wanted a different figure besides
Pikachu, too.

トモコがお礼を言うと、男性は笑顔で答えました。

こちらこそ、ありがとう。きっと妹も喜ぶよ。

When Tomoko thanked him, the man smiled and said, No, thank
you. I'm sure my sister will be very happy.

その後、二人は連絡先を交換し、時々一緒にガチャガチャを楽しむ
ようになりました。

The two exchanged contact information afterward and began enjoying playing gachapon together from time to time.

## 要約 / Summary

トモコはショッピングセンターでガチャガチャのお店を見つけました。初めてガチャガチャをしてみると、出てきたのはピカチュウの人形でした。嬉しくなってもう一度回すと、また同じ人形が出てきてがっかりしました。すると、ピカチュウを探していた男性が声をかけてきて、人形を交換することになりました。この出来事をきっかけに、二人は連絡先を交換し、一緒にガチャガチャを楽しむようになりました。

Tomoko discovered a gachapon store at a shopping center. The first time she tried it, she received a Pikachu figure. Excited, she tried again but was disappointed to get the same figure. A man who was also searching for a Pikachu noticed her and asked to trade figures. This encounter led them to exchange contact information, and they now enjoy collecting gachapon together.

# 単語リスト/Vocabulary List

| 日本語 | Romaji | English |
| --- | --- | --- |
| 近く | chikaku | *near* |
| 買い物 | kaimono | *shopping* |
| 行きます | ikimasu | *to go* |
| ある日 | aruhi | *one day* |
| 新しい | atarashii | *new* |
| お店 | omise | *store* |
| 気づきました | kizukimashita | *noticed* |
| 何の | nan no | *what* |
| 何台 | nandai | *how many units* |
| 置かれています | okarete imasu | *is placed* |
| 日本 | nihon | *Japan* |
| 自動販売機 | jidou hanbaiki | *vending machine* |
| 同じ | onaji | *same* |
| 機械 | kikai | *machine* |
| 見かけます | mikakemasu | *to see, to come across* |
| 中 | naka | *inside* |
| 詰められた | tsumerareta | *packed* |

| | | |
|---|---|---|
| 入っています | haitte imasu | *is in, is contained* |
| 回す | mawasu | *to turn* |
| 出てくる | detekuru | *to come out* |
| 仕組み | shikumi | *mechanism, structure* |
| 今まで | imamade | *until now* |
| 遊んだ | asonda | *played* |
| たくさん | takusan | *many, a lot* |
| 若い | wakai | *young* |
| 女性 | josei | *woman* |
| 楽しそう | tanoshi sou | *looks like fun* |
| 開けている | akete iru | *is opening* |
| 自分 | jibun | *oneself* |
| 一番 | ichiban | *the most, number one* |
| 集まっている | atsumatte iru | *gathered* |
| 前 | mae | *front* |
| 向かいます | mukai masu | *to head over* |
| 値段 | nedan | *price* |
| 400円 | yon hyakuen | *400-yen* |
| 人形 | ningyou | *doll, figure* |
| 決めた | kimeta | *decided, choose* |
| ゆっくり | yukkuri | *slowly* |

| | | |
|---|---|---|
| 投入口 | tounyuguchi | *coin slot* |
| 100円 | hyakuen | *100-yen* |
| 200円 | ni hyakuen | *200-yen* |
| 300円 | san byakuen | *300-yen* |
| 緊張 | kinchou | *nervous* |
| 回しました | mawashi mashita | *turned* |
| 財布 | saifu | *wallet* |
| 確認 | kakunin | *checking, to confirm* |
| 100円玉 | hyakuen-dama | *100-yen coin* |
| もう一度 | mouichido | *once more* |
| 思いました | omoi mashita | *thought* |
| 再び | futatabi | *again* |
| 個 | ko | *unit* |
| 内心 | naishin | *in one's heart, inwardly* |
| がっかり | gakkari | *disappointed* |
| 横から | yoko kara | *from the side* |
| 男性 | dansei | *man* |
| 声をかけてきました | koe wo kakete kimashita | *spoke to me* |
| 交換 | koukan | *exchange, trade* |
| 振り向く | furimuku | *to turn around* |

| | | |
|---|---|---|
| 背の高い | se no takai | *tall* |
| 別の | betsu no | *another* |
| 立って | tatte | *to stand* |
| 僕 | boku | *I, me (used by males)* |
| 妹 | imouto | *younger sister* |
| 好き | suki | *favorite, like* |
| 当てられなくて | aterare nakute | *can't hit* |
| 困っていた | komatte ita | *was troubled* |
| 持って | motte | *to hold, to have* |
| きっと | kitto | *surely, certainly* |
| 出る | deru | *to come out* |
| 何回 | nankai | *how many times* |
| 挑戦 | chousen | *challenge* |
| 選ぶ | erabu | *to choose* |
| 以外 | igai | *besides* |
| お礼 | orei | *to thank* |
| 笑って | waratte | *to smile* |
| 喜ぶ | yorokobu | *be happy* |
| その後 | sono go | *afterward* |
| 連絡先 | renrakusaki | *contact information* |

# 問題/Questions

1. トモコはどこでガチャガチャを見つけましたか？

   Where did Tomoko find the gachapon machine?

   A. 映画館 / Movie theater

   B. コンビニ / Convenience store

   C. ショッピングセンター / Shopping center

   D. 公園 / Park

2. ガチャガチャの値段はいくらでしたか？

   How much did the gachapon cost?

   A. 100円 / 100 yen

   B. 200円 / 200 yen

   C. 300円 / 300 yen

   D. 400円 / 400 yen

3. トモコはガチャガチャで最初に何を当てましたか？

   What did Tomoko get from the gachapon first?

   A. ピカチュウの人形 / A Pikachu figure

   B. モンスターボール / A Poké Ball

   C. 別のポケモンの人形 / A different Pokémon figure

   D, 何も出てこなかった / Nothing came out

4. トモコは同じ人形が2つ出た時、どう思いましたか？

What did Tomoko think when she got two of the same figures?

A, 嬉しい / Happy

B, がっかりした / Disappointed

C, 怒った / Angry

5. トモコと男性が連絡先を交換したのはなぜですか？

 Why did Tomoko and the man exchange contact information?

A. 一緒にガチャガチャを楽しむため / To enjoy gachapon together

B. 同じ電車に乗っていたから / Because they were on the same train

C. 彼はトモコの友達だったから / Because he was Tomoko's friend

# 答/Answers

1.  C. ショッピングセンター

Shopping center

2.  D. 400円

400 yen

3.  A. ピカチュウの人形

Pikachu figure

4.  B. がっかりした

Disappointed

5  A. 一緒にガチャガチャを楽しむため

To enjoy gachapon together

# CHAPTER 2
## 傘の置き忘れ - Left-behind umbrella

その日は朝から大雨でした。トモコは黄色い傘をさして会社に急ぎました。夕方に雨がやみ、仕事を終えたトモコは傘を手に駅に向かいました。電車の中でスマホを取り出し、SNSをチェックしようとしましたが、傘が邪魔でできませんでした。

しょうがないわね、手すりにかけておこう。

トモコは傘をそばにあった手すりにかけ、スマホに夢中になりました。やがて電車は、トモコの降りる駅で止まります。

いけない、降りなければ！

あわてていたトモコは、うっかり傘を手すりに置き忘れたまま電車を降りてしまいました。

改札を出たあとで傘の置き忘れに気がついたトモコは、真っ青になりました。おろおろしていると、駅員さんが声をかけてきました。

「お客様、どうなさいましたか？」

「今乗っていた電車に傘を忘れてしまいました」

トモコがそう告げると、駅員は笑顔で答えました。

「大丈夫ですよ。きっとすぐに見つかります。」

そしてトモコに、乗ってきた電車や何両目にいたかなどを尋ねると、彼女はどこかに連絡を取り始めました。

「ありました。お客様が乗った電車の車掌が保管していますので、ご安心ください。」駅員さんは車掌さんに連絡を取り、調べてもらったようです。

「ありがとうございます！」

トモコの心は感謝の気持ちでいっぱいになりました。

「雨の日は傘の置き忘れが多いんですよ。そういう傘はすべて忘れ物保管所で保管しています。」

「それはどこにありますか？」

駅員さんに場所を教えてもらったトモコは、翌日そこに向かいました。

「これがあなたの傘ですね。」

係の人が渡してくれたのは、まさしくトモコが忘れた黄色い傘でした。

トモコは何度もお礼を言い、二度と傘を置き忘れないようにしようと決心しました。

## 傘の忘れ物 - Left-behind umbrella

ありました。お客様が乗られた電車の車掌が保管しておりますので、ご安心ください。

We've found it. The conductor of your train is keeping it safe, so don't worry.

夕方に雨がやみました。仕事を終えたトモコは傘を手に駅に向かいます。

The station staff seemed to have contacted the conductor to have him look into it.

ありがとうございます

 Thank you very much!

トモコの心は感謝の気持ちでいっぱいになりました。

Tomoko's heart was filled with gratitude.

雨の日は傘の置き忘れが多いんですよ。そういう傘はすべて忘れ物保管所で保管しています。

rainy days, people often leave their umbrellas behind. We keep all these umbrellas in the lost and found.

「それはどこにありますか？」

 "Where is that?"

駅員さんに場所を教えてもらったトモコは、翌日そこに向かいました。

 After he told her the location, Tomoko went there the following day.

「これがあなたの傘ですね？」

"This is your umbrella, isn't it?"

係の女の人が渡してくれたのは、まさしくトモコが忘れた黄色い傘でした。

 A female attendant handed her the exact yellow umbrella she had forgotten.

トモコは何度もお礼を言い、二度と傘を置き忘れないようにしようと決心しました。

Tomoko thanked her over and over, and she made up her mind to never forget her umbrella again.

## 要約/Summary

トモコは電車の中で傘がじゃまになり、手すりにかけてスマホに夢中になりました。降りるときに傘を置き忘れ、改札を出てからそのことに気づきます。駅員に相談したところ、車掌が傘を保管していることがわかりました。翌日無事に見つかった傘を受け取ることができました。トモコは係の人に感謝し、二度と傘を忘れないと決心しました。

Tomoko was on the train when her umbrella got in the way, so she hung it on a handrail and got engrossed in her smartphone. When she got off the train, she accidentally left the umbrella behind, realizing her mistake after leaving the ticket gate. She spoke to a station attendant, who found out the conductor had been keeping it. The next day, she was able to retrieve her umbrella safely. Tomoko was grateful to the person in charge and resolved never to forget her umbrella again.

# 単語リスト/Vocabulary List

| 日本語 | Romaji | English |
| --- | --- | --- |
| 傘 | kasa | umbrella |
| 忘れ物 | wasuremono | lost item |
| その日 | sonohi | that day |
| 朝 | asa | morning |
| 大雨 | ooame | heavy rain |
| 黄色 | kiiro | yellow |
| さし | sasi | to hold up (an umbrella) |
| 会社 | kaisha | company |
| 急ぎました | isogi mashita | hurried |
| 夕方 | yuugata | evening |
| やみました | yami mashita | stopped (raining) |
| 仕事 | shigoto | work |
| 終えた | oeta | finished |
| 手 | te | hand |
| 駅 | eki | station |
| 向かいます | mukai masu | to head towards |
| 電車 | densha | train |

| | | |
|---|---|---|
| 中 | naka | inside |
| 取り出し | toridashi | to take out |
| じゃま | jama | obstacle, in the way |
| しょうがない | shouganai | it can't be helped |
| 手すり | tesuri | handrail |
| かける | kakeru | to hang |
| 夢中 | muchuu | absorbed, engrossed |
| やがて | yagate | eventually, soon |
| 降りる | oriru | to get off |
| 止まる | tomaru | to stop |
| いけない | ikenai | oh no, that's not good |
| あわてる | awateru | to panic, to be in a hurry |
| うっかり | ukkaru | carelessly |
| 残す | nokosu | to leave behind |
| 改札 | kaisatsu | ticket gate |
| 出た | deta | to exit |
| あと | ato | after |
| 置き忘れ | oki wasure | left behind |
| 気がついた | kigatsuita | noticed |
| 真っ青 | massao | pale, ghastly |
| おろおろ | oro oro | flustered, confused |

| | | |
|---|---|---|
| 駅員 | ekiin | station attendant |
| 声をかける | koe wo kakeru | to call out |
| お客様 | okyaku sama | customer |
| どうかなさいましたか | douka nasai mashitaka | is something wrong? |
| 今 | ima | just now |
| 乗ってきた | notte kita | boarded |
| 告げる | tsugeru | to tell |
| 笑って | waratte | to laugh, to smile |
| 大丈夫 | daijoubu | all right, okay |
| きっと | kitto | surely |
| すぐ | sugu | immediately |
| 見つかります | mitsukari masu | to be found |
| 何両目 | nanryou me | which car number |
| きく | kiku | to ask |
| 連絡 | renraku | contact |
| 取り始め | torihajime | begin to make contact |
| ありました | arimashita | it was found, there was |
| 車掌 | shashou | conductor |
| 保管 | hogan | safekeeping, storage |

# 問題/Questions

1. トモコはどこに傘を置き忘れましたか？

   Where did Tomoko leave her umbrella?

   A. 会社のオフィス / Her office

   B. 忘れ物保管所 / Lost and found

   C. 電車の手すり / On the train's handrail

2. トモコが傘を忘れたことに気づいたのはいつですか？

   When did Tomoko realize she had forgotten her umbrella?

   A. 電車を降りた直後 / Right after she got off the train

   B. 改札を出たあと / After she exited the ticket gate

   C. 家に帰った時 / When she got home

3. トモコは傘が見つかったと誰から聞きましたか？

   Who told Tomoko that her umbrella had been found?

   A. 会社の同僚 / A coworker from her company

   B. 傘を拾った人 / The person who picked up the umbrella

C. 駅員 / The station attendant

4.　トモコはなぜ駅員に感謝したのでしょう？

Why was Tomoko grateful to the station attendant?

A. 傘をくれたから / Because he gave her an umbrella

B. 忘れ物の場所を教えてくれたから / Because he told her the location of the lost and found

C. 電車を止めて彼女の傘を探してくれたから / Because he stopped the train to look for her umbrella

5.　トモコは傘が見つかった後、何を決心しましたか？

After her umbrella was found, what did Tomoko make her mind?

A. 新しい傘を買う / To buy a new umbrella

B. 毎日傘を持ち歩く / To carry an umbrella every day

C. 傘を忘れないようにする / To not leave behind her umbrella again

# 答/Answers

1.　　C. 電車の手すり

On the train's handrail

2.　　B. 改札を出たあと

After she exited the ticket gate

3.　　C. 駅員

The station attendant

4.　　B. 忘れ物の場所を教えてくれたから

Because he told her the location of the lost and found

5.　　C. 傘を忘れないようにする

To not leave behind her umbrella again

# CHAPTER 3
## コンビニのランチメニュー - Convenience store lunch menu

<u>会社</u>の<u>昼休み</u>、トモコは<u>近く</u>の<u>コンビニ</u>に<u>急ぎ足</u>で<u>向かい</u>ました。<u>早く</u>いかないと、<u>お弁当</u>やサンドイッチが<u>売り切</u>れてしまうからです。

コンビニでは<u>毎週</u>、<u>新しい</u>ランチメニューが<u>追加</u>されます。<u>特に最近</u>は、<u>若い女性</u>向けの<u>野菜</u>を<u>中心</u>にしたお弁当やランチボックスが人気です。

コンビニに着くと、店内は人でごった返していました。お目当ての棚の前に行くのもひと苦労です。

急がないと、ランチが買えなくなっちゃう！

あせったトモコがようやく棚の近くにたどりついたとき、残っていたお弁当はたった2つだけでした。

2つとも今週の新商品です。ひとつはカラフルなサンドイッチボックスで、もうひとつは野菜の天ぷらがたくさん入ったお弁当でした。

どっちも食べたいけど、2つも食べたら太っちゃうし…。

トモコが選べずにいると、偶然同じ店にいた、同僚のミサキが声を掛けてきました。

「どっちにしようか迷ってるの？だったら1つずつ買って、2人で分けっこしない？」

「ミサキ、ありがとう！助かるわ！」

トモコはサンドイッチボックスを、ミサキはお弁当を買い、近くの公園に向かいます。

そしてサンドイッチと野菜の天ぷらを1つずつ交換しました。

「天ぷら、おいしいわね！」

「このサンドイッチも野菜が新鮮ですごくいいわ」

トモコとミサキはとても満足しました。2人は楽しくおしゃべりしながら会社に戻っていったのでした。

# コンビニのランチメニュー/

## Convenience store lunch menu

会社の昼休み、トモコは近くのコンビニに急ぎ足で向かいました。早くいかないと、お弁当やサンドイッチが売り切れてしまうからです。

During her lunch break, Tomoko hurried to a nearby convenience store. If she didn't go quickly, the bento boxes and sandwiches would sell out.

コンビニでは毎週、新しいランチメニューが追加されます。特に最近は、若い女性向けの野菜を中心にしたお弁当やランチボックスが人気です。

Every week, the convenience store adds new lunch menus. Bento boxes and lunch boxes focusing on vegetables have been especially popular with young women lately.

コンビニに着くと、店内は人でごった返していました。お目当ての棚の前に行くのもひと苦労です。

When she arrived, the store was packed with people. It was a struggle just to get to the shelf she wanted.

急がないと、ランチが買えなくなっちゃう！

If I don't hurry, I won't be able to buy lunch!

あせったトモコがようやく棚の近くにたどりついたとき、残っていたお弁当はたった2つだけでした。

By the time a flustered Tomoko finally reached the shelf, there were only two bento boxes left.

2つとも今週の新商品です。ひとつはカラフルなサンドイッチボックスで、もうひとつは野菜の天ぷらがたくさん入ったお弁当でした。

Both were new products this week. One was a colorful sandwich box, and the other was a bento box with lots of vegetable tempura.

どっちも食べたいけど、2つも食べたら太っちゃうし…。

I want to eat both, but if I eat two, I'll gain weight.

トモコが選べずにいると、偶然同じ店にいた、同僚のミサキが声を掛けてきました。

As Tomoko couldn't decide, Misaki, a coworker who happened to be in the same store, called out to her.

「どっちにしようか迷ってるの？だったら1つずつ買って、2人で分けっこしない？」

"Can't decide which one to get? How about we each buy one and share?"

「ミサキ、ありがとう！助かるわ！」

"Misaki, thank you! That helps a lot!"

トモコはサンドイッチボックスを、ミサキはお弁当を買い、近くの公園に向かいます。 Tomoko bought the sandwich box, and Misaki bought the bento box, and they headed to a nearby park.

そしてサンドイッチと野菜の天ぷらを1つずつ交換しました。

Then, they exchanged one sandwich and one piece of vegetable tempura.

「天ぷら、おいしいわね！」

"The tempura is delicious!"

「このサンドイッチも野菜が新鮮ですごくいいわ」

"This sandwich is also great, the vegetables are so fresh."

トモコとミサキはとても満足しました。2人は楽しくおしゃべりしながら会社に戻っていったのでした。

Tomoko and Misaki were both very satisfied. They chatted happily as they made their way back to the office.

## 要約/Summary

会社の昼休み、トモコは売り切れる前にランチを買うため、コンビニへ急いで向かいました。店内は混み合っており、お目当ての棚には2つしかお弁当が残っていませんでした。どちらも新商品で、トモコが選べずにいると、偶然店にいた同僚のミサキが「2人で分けっこしない？」と提案してくれました。2人はランチを分け合い、満足しながら会社に戻りました。

During her lunch break, Tomoko hurried to a convenience store to get lunch before everything sold out. The store was crowded, and only two lunch boxes were left on the shelf. Both were new items, and as Tomoko hesitated, her coworker Misaki, who happened to be there, suggested they share. The two of them split the lunch and returned to the office feeling satisfied.

41

# 単語リスト -Vocabulary List

| 日本語 | Romaji | English |
| --- | --- | --- |
| 会社 | kaisha | company |
| 昼休み | hiru yasumi | lunch break |
| 近く | chikaku | near |
| コンビニ | konbini | convenience store |
| 急ぎ足 | isogi ashi | quick pace, hurrying |
| 向かいました | mukai mashita | headed towards |
| 早く | hayaku | early, quick |
| お弁当 | obentou | bento box, lunch box |
| 売り切れ | urikire | to sell out |
| 毎週 | maishuu | every week |
| 新しい | atarashii | new |

| 日本語 | Romaji | English |
| --- | --- | --- |
| ランチメニュー | ranchi menyuu | lunch menu |
| 追加されます | tsuika saremasu | to be added |
| 特に | tokuni | especially |
| 最近 | saikin | recently |
| 若い | wakai | young |
| 女性 | josei | woman |
| 野菜 | yasai | vegetable |
| 天ぷら | tenpura | tempura |
| 中心 | chushin | center, focus |
| 人気 | ninki | popular |
| 着くと | tsuku to | when one arrives |
| 店内 | ten nai | inside the store |
| 人 | hito | people |

| 日本語 | Romaji | English |
| --- | --- | --- |
| ごった返して | gotta gaeshite | was crowded |
| お目当て | omeate | aimed item |
| 棚 | tana | shelf |
| 前 | mae | in front of |
| ひと苦労 | hito kurou | a struggle |
| 急がないと | isoga nai to | if I don't hurry |
| 買えなく | kaenaku | won't be able to buy |
| あせった | asetta | flustered, panicked |
| ようやく | youyaku | finally |
| たどりついた | tadori tsuita | reached, arrived at |
| 残っていた | nokotte ita | was left |

| 日本語 | Romaji | English |
| --- | --- | --- |
| たった | tatta | only, just |
| 2つ | futatsu | two pieces |
| 今週 | kon shuu | this week |
| 新商品 | shin shouhin | new product |
| カラフル | karafuru | colorful |
| たくさん | takusan | many, a lot |
| 入った | haitta | containing |
| どっちも | docchimo | both |
| 食べたい | tabe tai | want to eat |
| 太っちゃう | futocchau | will get fat |
| 選べずに | erabezu ni | unable to choose |
| 偶然 | guuzen | by chance |
| 同じ | onaji | same |
| 同僚 | douryou | coworker |

| 日本語 | Romaji | English |
| --- | --- | --- |
| 声を掛け | koe o kake | called out |
| 迷ってる | mayotteru | is undecided |
| 1つずつ | hitotsu zutsu | one by one |
| 買って | katte | buying |
| 2人 | futari | two people |
| 助かる | tasukaru | to be helped |
| 公園 | kouen | park |
| 交換 | koukan | exchange |
| おいしい | oishii | delicious |
| 新鮮 | shinsen | fresh |

## 問題/Questions

1. トモコは会社の昼休みにどこへ行きましたか？

   Where did Tomoko go during her lunch break?

   A. コンビニ / Convenience store

   B. 公園 / Park

   C. レストラン / Restaurant

2. トモコが買おうとしていたお弁当は、なぜ2つしか残っていませんでしたか？

   Why were there only two bento boxes left for Tomoko?

   A. 新商品で人気だったから / Because they were popular new products.

   B. 閉店時間だったから / Because it was closing time.

   C. 店の店員が他の在庫を出すのを忘れていたから / The store clerk forgot to bring out other stock.

3. トモコが迷っていた2つのランチメニューは何でしたか？

   What were the two lunch menus Tomoko was having trouble choosing between?

A. おにぎりとパン / Rice balls and bread

B. サンドイッチとお弁当 / A sandwich and a bento box

C. パスタとサラダ / Pasta and salad

4.　　トモコに声をかけたのは誰ですか？

Who called out to Tomoko?

A. 店員さん / A store clerk

B. 知らない人 / A stranger

C. 同僚のミサキ / Her coworker, Misaki

5.　　トモコとミサキはなぜランチを分けっこすることにしたのでしょう？

Why did Tomoko and Misaki decide to share their lunch?

A. 2つとも同じ商品だったから / Because both items were the same.

B. 2つとも味わってみたかったから / Because they wanted to try both.

C. お金が足りなかったから / Because they didn't have enough money.

# 1答/Answers

1. A. コンビニ / Convenience store

2. A. 新商品で人気だったから / Because they were popular new products.

3. B. サンドイッチとお弁当 / A sandwich and a bento box

4. C. 同僚のミサキ / Her coworker, Misaki

5. B. 2つとも味わってみたかったから / Because they wanted to try both.

# CHAPTER 4
## スマホの充電 - Charging your smartphone

日曜日、トモコはガチャガチャが縁で知り合ったケントと会うため出かけました。待ち合わせ場所は、渋谷のハチ公前です。

「お待たせ！」

ケントはもうハチ公の銅像の近くに立っていました。

「今来たところだよ。それより、このお店知ってる？」

ケントはスマホの画面をトモコに見せます。

「ゲームやアニメに登場する料理が出てくるレストラン？
」

アニメやマンガ、ゲームに出てくるユニークな料理は、ふつうは想像上のもの。ですがこのお店では、見た目をそっくりに再現した料理が食べられるようです。

「食べてみたくない？」

いたずらっぽく笑うケントの誘いに、トモコは思わずうなずいてしまいました。

「じゃあ行こう。その前に...」

そのお店のHPをフォローすると、ドリンク1杯無料のクーポンがもらえるとのこと。

「もちろんフォローするわ！ちょっと待ってね」

トモコは自分のスマホを取り出し、顔をしかめました。昨夜充電し忘れたせいで、バッテリーがほとんど残っていなかったからです。

困ったわ、これじゃクーポンをもらえないじゃない。

「どうしたの？」

ケントが心配そうにたずねてきたので、トモコはスマホのバッテリーが切れそうだと伝えます。

「大丈夫、今はコンビニでもスマホを充電できるよ。でもこの辺りに見当たらないね…」

コンビニのスマホ充電器のことはトモコもよく知っていました。QRコードを読み取るだけで借りられるので、とても便利です。

しばらく周囲を見回していたケントは、通りの向こうにある家電ショップを指差しました。

「あそこに行こう。家電を置いているお店は、スマホも扱っているはず。きっと充電用の設備もあるよ」

2人が行ってみると、ケントの言った通り、100円でスマホを充電できるブースがありました。

トモコはホッと胸をなでおろし、ケントに感謝しながらスマホを充電したのでした。

## スマホの充電 - Charging your smartphone

日曜日、トモコはガチャガチャが縁で知り合ったケントと会うため出かけました。待ち合わせ場所は、渋谷のハチ公前です。

On Sunday, Tomoko went out to meet Kento, whom she had met through a gachapon machine. They were to meet in front of the Hachiko statue in Shibuya.

「お待たせ！」

"Sorry to keep you waiting!"

ケントはもうハチ公の銅像の近くに立っていました。

Kento was already standing near the Hachiko statue.

「今来たところだよ。それより、このお店知ってる？」

"I just got here. By the way, do you know this place?"

ケントはスマホの画面をトモコに見せます。

Kento showed Tomoko his smartphone screen.

「ゲームやアニメに登場する料理が出てくるレストラン？」

"A restaurant with dishes from games and anime?"

アニメやマンガ、ゲームに出てくるユニークな料理は、ふつうは想像上のもの。ですがこのお店では、見た目をそっくりに再現した料理が食べられるようです。

Unique dishes from anime, comics, and games are usually imaginary. But at this restaurant, you can eat dishes that look exactly like them.

「食べてみたくない？」

"Don't you want to try it?"

いたずらっぽく笑うケントの誘いに、トモコは思わずうなずいてしまいました。

At Kento's mischievous invitation, Tomoko couldn't help but nod.

「じゃあ行こう。その前に...」

"Let's go then. But first…"

そのお店のHPをフォローすると、ドリンク1杯無料のクーポンがもらえるとのこと。

He said if they follow the restaurant's website, they'll get a coupon for a free drink.

「もちろんフォローするわ！ちょっと待ってね」

"Of course I will! Just a moment."

トモコは自分のスマホを取り出し、顔をしかめました。昨夜充電し忘れたせいで、バッテリーがほとんど残っていなかったからです。

Tomoko took out her smartphone and frowned. She had forgotten to charge it last night, so the battery was almost dead.

困ったわ、これじゃクーポンをもらえないじゃない。

This is a problem. I won't be able to get the coupon.

「どうしたの？」

"What's the matter?"

ケントが心配そうにたずねてきたので、トモコはスマホのバッテリーが切れそうだと伝えます。

Kento asked her, looking worried. Tomoko told him her phone's battery was about to die.

「大丈夫、今はコンビニでもスマホを充電できるよ。でもこの辺りに見当たらないね…」

"It's okay, you can charge your phone at a convenience store now. But I don't see one around here…"

コンビニのスマホ充電器のことはトモコもよく知っていました。QRコードを読み取るだけで借りられるので、とても便利です。

Tomoko knew about convenience store phone chargers. They were very convenient because you could rent them just by scanning a QR code.

しばらく周囲を見回していたケントは、通りの向こうにある家電ショップを指差しました。

Kento looked around for a while and pointed to an electronics store across the street.

「あそこに行こう。家電を置いているお店は、スマホも扱っているはず。きっと充電用の設備もあるよ」

"Let's go over there. Stores that sell electronics should also handle smartphones. I'm sure they'll have charging stations."

2人が行ってみると、ケントの言った通り、100円でスマホを充電できるブースがありました。

When they went, just as Kento had said, there was a booth where they could charge a smartphone for 100 yen.

トモコはホッと胸をなでおろし、ケントに感謝しながらスマホを充電したのでした。 Tomoko breathed a sigh of relief and charged her smartphone while thanking Kento.

## 要約/Summary

ガチャガチャが縁で知り合ったトモコとケントは、ゲームやアニメの料理を出すレストランに行くことになりました。しかし、お店のクーポンをもらうためにスマホを取り出したトモコは、充電が切れかけていることに気づきます。困っているトモコに、ケントは家電ショップなら充電できると提案し、2人は充電できる場所を見つけることができました。トモコは無事にスマホを充電でき、感謝の気持ちでいっぱいになりました。

Tomoko and Kento, who met through a gachapon machine, decide to go to a restaurant that serves dishes from games and anime. However, when Tomoko takes out her smartphone to get a coupon for the restaurant, she realizes the battery is almost dead. Kento suggests they go to an electronics store, where they successfully find a place to charge her smartphone. Tomoko is able to charge her smartphone safely and is filled with gratitude.

# 単語リスト / Vocabulary List

| 日本語<br>(Japanese) | Romaji | English Meaning |
| --- | --- | --- |
| 日曜日 | nichiyoubi | *Sunday* |
| ガチャガチャ | gachagacha | *gachapon machines* |
| 縁 | en | *a connection* |
| 知り合った | shiri atta | *got to know* |
| 会う | au | *to meet* |
| 出かけました | dekake mashita | *went out* |
| 待ち合わせ場所 | machi awase basho | *meeting place* |
| 渋谷 | shibuya | *Shibuya* |
| 銅像 | douzou | *bronze statue* |
| 近く | chikaku | *near* |
| 立って | tatte | *standing* |
| 今 | ima | *now* |
| 来たところだよ | kita tokoro da yo | *just got here* |
| お店 | omise | *store* |
| 知ってる | shitteru | *to know* |
| スマホ | sumaho | *smartphone* |

| | | |
|---|---|---|
| 画面 | gamen | *screen* |
| 見せます | misemasu | *to show* |
| ゲーム | geemu | *game* |
| アニメ | anime | *animation* |
| 登場する | toujou suru | *to appear* |
| 料理 | ryouri | *dish, cuisine* |
| レストラン | resutoran | *restaurant* |
| マンガ | manga | *comics* |
| ユニークな | uniiku na | *unique* |
| ふつうは | futsuu wa | *normally* |
| 想像上の | souzou jou no | *imaginary* |
| 見た目 | mitame | *appearance* |
| そっくり | sokkuri | *just like* |
| 再現した | saigen shita | *recreated* |
| 食べられる | taberareru | *can eat* |
| いたずらっぽく | itazurappoku | *mischievously* |
| 笑う | warau | *to smile* |
| 誘い | sasoi | *invitation* |
| 思わず | omowazu | *without thinking* |
| うなずいて | unazuite | *nodding* |

| 日本語<br>(Japanese) | Romaji | English Meaning |
| --- | --- | --- |
| じゃあ | jaa | *well then* |
| 行こう | ikou | *let's go* |
| その前に | sono mae ni | *before that* |
| HP | eichi pii, hoomupēji | *homepage* |
| フォロー | forou | *follow* |
| ドリンク | dorinku | *drink* |
| 1杯 | ippai | *one glass* |
| 無料 | muryou | *free* |
| クーポン | kuupon | *coupon* |
| もらえる | moraeru | *can get* |
| もちろん | mochiron | *of course* |
| ちょっと | chotto | *a moment* |
| 待ってね | matte ne | *wait* |
| 自分の | jibun no | *one's own* |
| 取り出し | toridashi | *to take out* |
| 顔をしかめました | kao wo shikamemashita | *frowned* |
| 昨夜 | sakuya | *last night* |
| 充電 | juuden | *charge* |
| し忘れた | shiwasureta | *forgot to do* |

| | | |
|---|---|---|
| せいで | sei de | *due to* |
| バッテリー | batterii | *battery* |
| ほとんど | hotondo | *almost* |
| 残って | nokotte | *to remain* |
| 困ったわ | komatta wa | *I'm in trouble* |
| もらえない | moraenai | *can't get* |
| どうしたの | dou shita no | *what's the matter?* |
| 心配そうに | shinpai sou ni | *looking worried* |
| たずねてきた | tazunete kita | *asked* |
| 切れそう | kiresou | *about to run out* |
| 伝えます | tsutae masu | *to tell* |
| 大丈夫 | daijoubu | *all right* |
| 今は | ima wa | *lately* |
| コンビニ | konbini | *convenience store* |
| でも | demo | *even* |
| この辺り | kono atari | *around here* |
| 見当たらない | miatara nai | *can't find* |
| QRコード | kyuu aaru koodo | *QR code* |
| 読み取る | yomitoru | *to read (by scanning)* |
| だけで | dake de | *just by* |

| 日本語<br>(Japanese) | Romaji | English Meaning |
| --- | --- | --- |
| 借りられる | kari rareru | *can rent* |
| 便利 | benri | *convenient* |
| しばらく | shibaraku | *for a while* |
| 周囲 | shuui | *surroundings* |
| 見回していた | mimawashite ita | *was looking around* |
| 通り | toori | *street* |
| 向こう | mukou | *across* |
| 家電ショップ | kaden shoppu | *electronics store* |
| 指差しました | yubi sashi mashita | *pointed to* |
| 置いている | oite iru | *is placed* |
| 扱っている | atsukatte iru | *is handling* |
| はず | hazu | *should be* |
| きっと | kitto | *surely* |
| 充電用 | juu den you | *for charging* |
| 設備 | setsubi | *equipment* |
| 2人 | futari | *two people* |
| 行ってみる | itte miru | *to go and see* |
| 言った通り | itta toori | *as said* |

| | | |
|---|---|---|
| 100円 | hyaku en | *100 yen* |
| ブース | buusu | *booth* |
| ホッと | hotto | *with a sigh of relief* |
| 胸をなでおろし | mune wo nade oroshi | *felt a sense of relief* |
| 感謝しながら | kansha shinagara | *with gratitude* |

# 問題/Questions

1. トモコとケントはどこで待ち合わせをしましたか？

   Where did Tomoko and Kento meet?

   A. 渋谷のハチ公前 / In front of the Hachiko statue in Shibuya

   B. 新宿駅 / Shinjuku Station

   C. 渋谷109 / Shibuya 109

2. トモコが顔をしかめたのはなぜですか？

   Why did Tomoko frown?

   A. ケントが遅れてきたから / Because Kento was late

   B. お店の場所が分からなかったから / Because she couldn't find the restaurant

   C. スマホの充電が切れかけていたから / Because her smartphone was almost out of battery

3. コンビニのスマホ充電器はどのように借りられますか？

   How can you rent a smartphone charger at a convenience store?

A. 店員に声をかける / By talking to a staff member

B. お金を払って買う / By paying for it

C. QRコードを読み取る / By scanning a QR code

4. ケントはどこに行けばスマホを充電できると提案しましたか？

Where did Kento suggest they go to charge the smartphone?

A. カフェ / To a cafe

B. 家電ショップ / To an electronics store

C. レストラン / To a restaurant

5. スマホを充電するために、トモコはいくら支払いましたか？

How much did Tomoko pay to charge her smartphone?

A. 無料 / Free

B. 100円 / 100 yen

C. 200円 / 200 yen

# 答/Answers

1.     A. 渋谷のハチ公前

   In front of the Hachiko statue in Shibuya

2.     C. スマホの充電が切れかけていたから

   Because her smartphone was almost out of battery

3.     C. QRコードを読み取る

   By scanning a QR code

4.     B. 家電ショップ

   To an electronics store

5.     B. 100円

   100 yen

# CHAPTER 5
## 熱中症 – Heatstroke

ある<u>夏</u>の<u>日</u>、<u>倉庫</u>から<u>オフィス</u>に<u>階段</u>で<u>戻ろうとした</u>トモコは、<u>突然</u>めまいがして<u>うずくまりました</u>。

あれ、<u>体</u>が<u>重くて</u><u>動けない</u>。<u>私</u>どうしちゃったの？

<u>額</u>からは<u>汗</u>が<u>ダラダラ</u>と<u>流れ</u>てきます。<u>手</u>にも<u>足</u>にも<u>力</u>が<u>入り</u><u>ません</u>。

「トモコさん、<u>大丈夫</u>かい？」

そのとき、ちょうど階段をおりてきた伊藤課長が、心配そうに声をかけてきました。

「伊藤課長、なぜか体が動かないんです」

トモコが力なく答えると、伊藤課長はわかったというようにうなずきました。

「多分、熱中症になりかけているんだ。肩を貸すから涼しいオフィスに戻ろう」

伊藤課長はトモコを支え、オフィスのいすに座らせます。

そして水でぬらしたタオルと、冷たいペットボトルのスポーツドリンクを持ってきました。

「さあ、タオルを首にあてて。それからこのドリンクも飲んで」

言われた通りにすると、トモコの額の汗は引き、体のだるさもなくなりました。

トモコはお礼を言ったあと、伊藤課長になぜ熱中症だと思ったのかと聞きました。

「実は昔、サッカーをやっていてね。練習中に熱中症で倒れるチームメイトの様子と、よく似ていたからだよ」

「そうだったんですか。でもまさか、オフィスで熱中症になるなんて」

すると伊藤課長は、まじめな顔でこう言いました。

「いや、エアコンのない、閉めきったところにいると、オフィスでも熱中症になるらしい。心当たりはないかい？」

トモコはハッとしました。その日エアコンのない倉庫で、長い間作業していたからです。

熱中症には二度となりたくありません。トモコは次に倉庫に行くとき、こまめに水を飲むようにしようと心に決めたのでした


## 熱中症 - Heatstroke

ある夏の日、倉庫からオフィスに階段で戻ろうとしたトモコは、突然めまいがしてうずくまりました。

One summer day, Tomoko was about to return to the office from the warehouse via the stairs. But she suddenly felt dizzy and crouched down.

あれ、体が重くて動けない。私どうしちゃったの？

"Oh, my body feels so heavy and I can't move. What's wrong with me?"

額からは汗がダラダラと流れてきます。手にも足にも力が入りません。

Sweat is pouring down her forehead. She can't put any strength into her arms or legs.

「トモコさん、大丈夫かい？」

"Tomoko-san, are you alright?"

そのとき、ちょうど階段をおりてきた伊藤課長が、心配そうに声をかけてきました。

Just then, Mr. Ito, her Section Chief, came down the stairs and asked in a concerned voice.

「伊藤課長、なぜか体が動かないんです」

"Mr. Ito, for some reason, my body won't move."

トモコが力なく答えると、伊藤課長はわかったというようにうなずきました。

Tomoko answered weakly, and Mr. Ito nodded as if he understood.

「多分、熱中症になりかけているんだ。肩を貸すから涼しいオフィスに戻ろう」

"You're probably suffering from heatstroke. I'll lend you a shoulder, let's go back to the cool office."

伊藤課長はトモコを支え、オフィスのいすに座らせます。そして水でぬらしたタオルと、冷たいペットボトルのスポーツドリンクを持ってきました。

Mr. Ito supported Tomoko and had her sit in a chair in the office. Then, he brought her a towel soaked in water and a cold sports drink in a plastic bottle.

「さあ、タオルを首にあてて。それからこのドリンクも飲んで」

"Here, put this towel on your neck. And drink this too."

言われた通りにすると、トモコの額の汗は引き、体のだるさもなくなりました。

As she did what he told her, the sweat on her forehead subsided and the sluggishness in her body disappeared.

トモコはお礼を言ったあと、伊藤課長になぜ熱中症だと思ったのかと聞きました。

After thanking him, Tomoko asked Mr. Ito why he thought it was heatstroke.

「実は昔、サッカーをやっていてね。練習中に熱中症で倒れるチームメイトの様子と、よく似ていたからだよ」

"Actually, I used to play soccer back in the day. It reminded me of a teammate who collapsed from heatstroke during practice."

「そうだったんですか。でもまさか、オフィスで熱中症になるなんて」

"I see. But I never imagined I could get heatstroke in an office."

すると伊藤課長は、まじめな顔でこう言いました。

Then Mr. Ito said with a serious expression.

「いや、エアコンのない、閉めきったところにいると、オフィスでも熱中症になるらしい。心当たりはないかい？」

"No, apparently you can get heatstroke even in an office if you're in a closed space without air conditioning. Does that sound familiar?"

トモコはハッとしました。その日エアコンのない倉庫で、長い間作業していたからです。

Tomoko gasped. That day, she had been working for a long time in the warehouse, which had no air conditioning.

熱中症には二度となりたくありません。トモコは次に倉庫に行くとき、こまめに水を飲むようにしようと心に決めたのでした。

She never wanted to suffer from heatstroke again. Tomoko decided that the next time she went to the warehouse, she would make sure to drink water frequently.

## 要約/Summary

ある日、倉庫での作業を終えたトモコは、階段で突然のめまいにおそわれ、動けなくなりました。たまたま通りかかった伊藤課長が、過去の経験からすぐに熱中症だと気づき、トモコをオフィスで介抱してくれました。この一件をきっかけに、トモコはエアコンのない場所では水分をとりながら作業しようと決意しました。

One day, after finishing her work in the warehouse, Tomoko suddenly felt dizzy on the stairs and couldn't move. Section Chief Ito happened to be passing by and, drawing on past experience, immediately recognized it as heatstroke. He took Tomoko to the office and cared for her. This incident prompted Tomoko to resolve to drink water while working in places without air conditioning.

# 単語リスト / Vocabulary List

| 日本語<br>(Japanese) | Romaji | English Meaning |
| --- | --- | --- |
| 夏の日 | natsu no hi | *summer day* |
| 倉庫 | souko | *warehouse* |
| オフィス | ofisu | *office* |
| 階段 | kaidan | *stairs* |
| 戻ろうとした | modorouto shita | *about to return* |
| 突然 | totsuzen | *suddenly* |
| めまい | memai | *dizziness* |
| うずくまりました | uzukumari mashita | *crouched down* |
| 体 | karada | *body* |
| 重く | omoku | *heavy* |
| 動けない | ugokenai | *can't move* |
| 私 | watashi | *I* |
| 額 | hitai | *forehead* |
| 汗 | ase | *sweat* |
| ダラダラと | dara dara to | *pouring down* |

| | | |
|---|---|---|
| 流れる | nagareru | *to flow down* |
| 手 | te | *hand* |
| 足 | ashi | *foot* |
| 力 | chikara | *strength* |
| 入りません | hairi masen | *can't put into* |
| 大丈夫 | daijoubu | *okay* |
| そのとき | sono toki | *at that time* |
| ちょうど | choudo | *just* |
| おりてきた | orite kita | *came down* |
| 伊藤 | Itou | *Ito (surname)* |
| 課長 | kachou | *Section Chief* |
| 心配そうに | shinpai sou ni | *worriedly* |
| 声をかけて | koe wo kakete | *to speak to* |
| なぜか | nazeka | *for some reason* |
| 力なく | chikara naku | *weakly* |
| 答える | kotaeru | *to answer* |
| わかった | wakatta | *understood* |
| うなずき | unazuki | *to nod* |
| 多分 | tabun | *probably* |
| 熱中症 | necchu shou | *heatstroke* |
| 肩 | kata | *shoulder* |
| 貸す | kasu | *to lend* |

| 日本語<br>(Japanese) | Romaji | English Meaning |
| --- | --- | --- |
| 涼しい | suzushii | *cool* |
| 支え | sasae | *to support* |
| 座らせ | suwarase | *to sit down* |
| 水 | mizu | *water* |
| ぬらした | nurashita | *soaked* |
| タオル | taoru | *towel* |
| 冷たい | tsumetai | *cold* |
| ペットボトル | petto botoru | *plastic bottle* |
| スポーツドリンク | supootsu dorinku | *sports drink* |
| 持ってきました | motte kimashita | *brought* |
| 首 | kubi | *neck* |
| あてて | atete | *to place on* |
| 飲んで | nonde | *to drink* |
| 言われた通りに | iwareta toori ni | *as told* |
| 引き | hiki | *subsided* |
| だるさ | darusa | *sluggishness* |
| なくなりました | nakunari mashita | *to disappear* |
| お礼 | orei | *thanks* |
| 言ったあと | itta ato | *after saying* |

| | | |
|---|---|---|
| なぜ | naze | *why* |
| 思った | omotta | *thought* |
| 聞きました | kiki mashita | *asked* |
| 実は | jitsu wa | *actually* |
| 昔 | mukashi | *in the past* |
| サッカー | sakkaa | *soccer* |
| 練習中 | renshuu chuu | *during practice* |
| 倒れる | taoreru | *to collapse* |
| チームメイト | chiimu meito | *teammate* |
| 様子 | yousu | *state, condition* |
| 似ていた | nite ita | *was similar* |
| まさか | masaka | *no way* |
| すると | suruto | *then* |
| まじめな顔 | majime na kao | *serious expression* |
| エアコン | eakon | *air conditioner* |
| ない | nai | *not present* |
| 閉めきった | shimekitta | *closed off* |
| ところ | tokoro | *place* |
| らしい | rashii | *it seems* |
| 心当たり | kokoroatari | *a hunch* |

## 問題/Questions

1.トモコは、めまいがした時どこにいましたか？Where was Tomoko when she felt dizzy?

A. オフィス / The office

B. 倉庫 / The warehouse

C. 階段 / On the stairs


2. トモコを助けたのは誰ですか？Who helped Tomoko?

A. 会社の後輩 / A junior colleague

B. 伊藤課長 / Section Chief Ito

C. 会社の社長 / The company president


3. 伊藤課長は、なぜトモコが熱中症だとすぐにわかったのでしょうか？

Why did Mr. Ito immediately recognize that Tomoko had heatstroke?

A. 最近、熱中症について勉強していたから。/ Because he had been studying about heatstroke recently.

B. 医者なので知識があったから。/ Because he was a doctor and knew.

C. 過去に、サッカーの練習で同じような経験があったから。/ Because he had a similar experience in the past during soccer practice.

4. 伊藤課長は、トモコをどこに連れて行きましたか？

Where did Mr. Ito take Tomoko?

A. 病院 / The hospital

B. 涼しいオフィス / The cool office

C. トモコの家 / Tomoko's home

5. トモコが長時間作業をしていた、エアコンのない場所はどこですか？

Where was the place without air conditioning where Tomoko had been working for a long time?

A. オフィスの会議室 / The office meeting room

B. 屋外の現場 / The outdoor work site

C. 倉庫 / The warehouse

## 答/Answers

1.　　C. 階段

On the stairs

2.　　B. 伊藤課長

Section Chief Ito

3.　　C. 過去に、サッカーの練習で同じような経験があっ
たから。

Because he had a similar experience in the past during
soccer practice.

4.　　B. 涼しいオフィス

The cool office

5.　　C. 倉庫

The warehouse

# CHAPTER 6
## 指切り - Pinky promise

トモコが<u>駅</u>に<u>着く</u>と、ケントが<u>改札口</u>で<u>待って</u>いました。<u>2人</u>はこれから、<u>夜桜見物</u>に<u>行く予定</u>です。

「お待たせ！あらっ？」

トモコが<u>目を丸くした</u>のは、ケントの<u>となり</u>に<u>5歳</u>くらいの<u>小さ</u>な<u>女の子</u>が<u>立って</u>いたからです。

ケントが<u>困った</u>ような<u>顔</u>で<u>言いました</u>。

「妹のヒナだよ。ごめん、トモコ。どうしてもポケモンをくれたお姉さんに会いたいって聞かなくて……」

トモコは以前、ガチャガチャで手に入れたポケモンの人形を、彼と交換したことを思い出しました。

あのとき、妹さんにあげるって言っていたっけ……。

するとヒナちゃんが、トモコの前にやってきてぺこりと頭を下げました。

「お姉さん、ピカチュウの人形ありがとう。ヒナ、すごくうれしかった！」

トモコはほほえんで言いました。

「どういたしまして。ヒナちゃんが喜んでくれて、お姉さんもうれしいわ」

するとヒナちゃんは、またケントのところに戻り、ズボンを引っぱって何か言いはじめました。

「えっ？だめだよ。参ったなぁ」

どうやらヒナちゃんは、自分もいっしょに行きたいとねだっているようです。でも夜なので、幼いヒナちゃんを連れてはいけません。

「ヒナちゃん、今日は遅いから、また今度ね。次はお昼に遊びましょう」

トモコがそう声をかけると、ヒナちゃんの顔がパッと明るくなりました。

「ほんと？ お姉さん、約束してくれる？」

トモコがうなずくと、ヒナちゃんが指切りをせがんできました。

指切りはおまじないのようなもの。小さな子どもが、約束をするときによくやるしぐさです。

「指切りげんまん、うそついたら針千本の一ます！ 指切った！」

トモコはヒナちゃんと小指をからめて歌いました。

ヒナちゃんと別れたあと、トモコはケントにたずねました。

「昼にヒナちゃんが楽しめる場所ってどこだと思う？」

2人は仲良く相談しながら、夜桜が咲く公園へ歩き出しました。


## 指切り / Pinky promise

トモコが駅に着くと、ケントが改札口で待っていました。2人はこれから、夜桜見物に行く予定です。

When Tomoko arrived at the station, Kento was waiting for her at the ticket gate. The two of them were planning to go see the cherry blossoms at night.

「お待たせ！あらっ？」

"Sorry to keep you waiting! Oh?"

トモコが目を丸くしたのは、ケントのとなりに5歳くらいの小さな女の子が立っていたからです。

Tomoko's eyes widened because a small girl of about five was standing next to Kento.

ケントが困ったような顔で言いました。

Kento said with a troubled expression.

「妹のヒナだよ。ごめん、トモコ。どうしてもポケモンをくれたお姉さんに会いたいって聞かなくて……」

"This is my sister, Hina. I'm sorry, Tomoko. She insisted on meeting the 'big sister' who gave her the Pokémon and wouldn't listen."

トモコは以前、ガチャガチャで手に入れたポケモンの人形を、彼と交換したことを思い出しました。

Tomoko remembered trading a Pokémon figurine she had gotten from a gachapon with him before.

あのとき、妹さんにあげるって言っていたっけ……。

He said he was going to give it to his sister at that time.

するとヒナちゃんが、トモコの前にやってきてぺこりと頭を下げました。

Then, Hina came in front of Tomoko and bowed.

「お姉さん、ピカチュウの人形ありがとう。ヒナ、すごくうれしかった！」

"Thank you for the Pikachu figurine, big sister. Hina was so happy!"

トモコはほほえんで言いました。

Tomoko said with a smile.

「どういたしまして。ヒナちゃんが喜んでくれて、お姉さんもうれしいわ」

"You're welcome. It makes me happy that you like it."

するとヒナちゃんは、またケントのところに戻り、ズボンを引っぱって何か言いはじめました。

Then Hina went back to Kento and started pulling on his pants and saying something.

「えっ？だめだよ。参ったなぁ」

"Huh? No, you can't. Oh, brother."

どうやらヒナちゃんは、自分もいっしょに行きたいとねだっているようです。でも夜なので、幼いヒナちゃんを連れてはいけません。

It seemed Hina was begging to go with them. But since it was nighttime, they couldn't take a young child like Hina.

「ヒナちゃん、今日は遅いから、また今度ね。次はお昼に遊びましょう」

"Hina, it's late today, so how about next time? Let's play in the daytime next time."

トモコがそう声をかけると、ヒナちゃんの顔がパッと明るくなりました。

When Tomoko said that, Hina's face lit up instantly.

「ほんと？ お姉さん、約束してくれる？」

"Really? Will you promise me, big sister?"

トモコがうなずくと、ヒナちゃんが指切りをせがんできました。

When Tomoko nodded, Hina begged her to make a pinky promise.

指切りはおまじないのようなもの。小さな子どもが、約束をするときによくやるしぐさです。

A pinky promise is like a magic spell. It's a gesture that little kids often do when they make a promise.

「指切りげんまん、うそついたら針千本のーます！ 指切った！」

"Pinky swear, if you lie, you'll swallow a thousand needles! Pinky promise!"

トモコはヒナちゃんと小指をからめて歌いました。

Tomoko linked pinkies with Hina and sang.

ヒナちゃんと別れたあと、トモコはケントにたずねました。

After they said goodbye to Hina, Tomoko asked Kento.

「昼にヒナちゃんが楽しめる場所ってどこだと思う？」

"Where do you think is a good place for Hina to enjoy during the daytime?"

2人は仲良く相談しながら、夜桜が咲く公園へ歩き出しました。

The two of them started walking toward the park with the cherry blossoms, chatting amicably.

## 要約/Summary

トモコが駅に到着すると、ケントのとなりに妹のヒナが立っていたので驚きました。以前、トモコがあげたポケモンの人形をヒナは気に入り、お礼を言いたくてついてきたのでした。ヒナは夜桜見物に自分も行きたいとねだりますが、幼いため連れて行けません。そこでトモコは昼間に遊ぼうと約束し、ヒナと指切りをします。ヒナと別れた後、トモコとケントは夜桜の公園へ向かったのでした。

When Tomoko arrived at the station, she was surprised to see Kent's younger sister Hina standing next to him. Hina had loved the Pokémon figure and had followed along to thank her. Hina begged to come see the night cherry blossoms too, but she was too young to bring along. So Tomoko promised to play with her during the day and made a pinky promise with Hina by crossing their pinkies. After parting ways with Hina, Tomoko and Kent headed for the park to see the night cherry blossoms.

# 単語リスト/Vocabulary List

| *Japanese* | *Reading* | *English* |
| --- | --- | --- |
| 駅 | eki | *station* |
| 着く | tsuku | *arrive at* |
| 改札口 | kaisatsu guchi | *ticket gate* |
| 待って | matte | *to wait* |
| 2人 | futari | *two people* |
| これから | korekara | *from now on* |
| 夜桜 | yozakura | *night cherry blossoms* |
| 見物 | ken butsu | *viewing* |
| 行く | iku | *to go* |
| 予定 | yotei | *to plan* |
| 目を丸くした | me wo maruku shita | *eyes widened in surprise* |
| となり | tonari | *next to* |
| 5歳 | go sai | *five years old* |
| 小さな | chiisana | *little* |
| 女の子 | onna no ko | *girl* |
| 立って | tatte | *standing* |
| 困った | komatta | *was troubled* |
| 顔 | kao | *face* |

| Japanese | Reading | English |
| --- | --- | --- |
| 言いました | ii mashita | *said* |
| 妹 | imouto | *younger sister* |
| ごめん | gomen | *sorry* |
| どうしても | doushitemo | *no matter what* |
| ポケモン | pokemon | *figure* |
| お姉さん | onee san | *big sister* |
| 会いたい | aitai | *want to meet* |
| 聞かなくて | kikanakute | *don't listen to* |
| 以前 | izen | *previously* |
| ガチャガチャ | gachagacha | *gachapon* |
| 手に入れた | teni ireta | *to get* |
| 人形 | ningyou | *figure* |
| 彼 | kare | *he* |
| 交換した | koukan shita | *exchanged* |
| 思い出しました | omoidashi mashita | *remembered* |
| あのとき | ano toki | *at that time* |
| あげる | ageru | *to give* |
| 前に | mae ni | *in front of* |
| ぺこり | pekori | *bow* |
| 頭を下げました | atama wo sagemashita | *bowed one's head* |
| ピカチュウ | Pikachuu | *Pikachu* |

| Japanese | Reading | English |
| --- | --- | --- |
| ありがとう | arigatou | *thank you* |
| すごく | sugoku | *really* |
| うれしかった | ureshi katta | *was happy* |
| ほほえんで | hoho ende | *with a smile* |
| どういたしまして | dou itashi mashite | *You're welcome* |
| 喜んで | yorokonde | *glad* |
| 戻り | modori | *go back* |
| ズボン | zubon | *pants* |
| 引っぱって | hippatte | *pulling* |
| 何か | nanika | *something* |
| 言いはじめました | iihajime mashita | *started to say* |
| 参ったなあ | maitta naa | *Oh, brother* |
| 自分 | jibun | *myself* |
| いっしょに | isshoni | *together* |
| ねだっている | nedatte iru | *begging* |
| 夜 | yoru | *night* |
| 幼い | osanai | *young* |
| 連れてはいけません | tsurete wa ikemasen | *cannot take (someone) with you* |
| 今日は | kyouwa | *today* |
| 遅い | osoi | *late* |

| *Japanese* | *Reading* | *English* |
| --- | --- | --- |
| 今度 | kondo | *next time* |
| 次は | tsugi wa | *next* |
| お昼 | ohiru | *daytime* |
| 遊び | asobi | *to play* |
| 声をかける | koe wo kakeru | *to call out* |
| パッと明るくなりました | patto akaruku narimashita | *one's face lit up instantly* |
| ほんと | honto | *really* |
| 約束 | yakusoku | *promise* |
| うなずく | unazuku | *to nod* |
| 指切り | yubikiri | *pinky promise* |
| せがんで | segande | *begging for* |
| おまじない | omajinai | *magic spell* |
| 子ども | kodomo | *children* |
| しぐさ | shigusa | *gesture* |
| うそ | uso | *lie* |
| 針 | hari | *a needle* |
| 千本 | sen bon | *a thousand needles* |
| 小指 | koyubi | *pinky* |
| からめて | karamete | *to link* |
| 歌いました | utai mashita | *sang* |
| 別れた | wakareta | *parted* |

| Japanese | Reading | English |
| --- | --- | --- |
| あと | ato | *after* |
| たずねました | tazune mashita | *ask* |
| 楽しめる | tanoshimeru | *to enjoy* |
| 場所 | basho | *place* |
| 仲良く | nakayoku | *getting along well* |
| 相談 | soudan | *consultation, discussion* |
| 咲く | saku | *to bloom* |
| 公園 | kouen | *park* |
| 歩き出しました | aruki dashi mashita | *started to walk* |

## 問題/Questions

1. トモコが駅に着いたとき、ケントはどこで待っていましたか？

   When Tomoko arrived at the station, where was Kento waiting?

   A. 駅の構内 / Inside the station

   B. 改札口 / At the ticket gate

   C. 駅のベンチ / On a station bench

2. 二人はこれからどこへ行く予定ですか？

   Where are the two of them planning to go?

   A. 映画館 / Movie theater

   B. レストラン / Restaurant

   C. 夜桜見物 / Nighttime cherry blossom viewing

3. ケントの隣にいた女の子の名前は何ですか？ 7

   What was the name of the girl next to Kento?

   A. ヒナ / Hina

   B. アヤ / Aya

   C. ユリ / Yuri

4.　　トモコが約束を守れるように、ヒナは何をしてほしいと頼みましたか？

What did Hina ask Tomoko to do so that she could keep her promise?

A. 指切り / Pinky promise

B. ハイタッチ/ High five

C. 足を組む / Cross her legs

5.　　ヒナと別れたあと、トモコとケントは何について話しましたか？

After saying goodbye to Hina, what did Tomoko and Kento talk about?

A. 次にいつ会うか / When they would meet again

B. ヒナが楽しめる場所 / A place where Hina would have fun

C. 夜桜の美しさ / The beauty of the cherry blossoms

# 答/Answers

1.　　B. 改札口

At the ticket gate

2.　　C. 夜桜見物

nighttime cherry blossom viewing

3.　　A. ヒナ

Hina

4.　　A. 指切り

Pinky promise

5.　　B. ヒナが楽しめる場所

A place where Hina would have fun

# CHAPTER 7
# 缶のおしるこ - Canned oshiruko (sweet red bean soup)

トモコは<u>甘い</u>ものが<u>大好き</u>です。<u>食べすぎる</u>と<u>太る</u>と<u>わかって</u><u>いても</u>、<u>やめられません</u>。

<u>最近</u>の<u>お気に入り</u>は、<u>冬</u>になると<u>よく見かける</u>缶のおしるこです。これは甘く<u>温かい飲み物</u>で、<u>ゆでた小豆</u>と<u>砂糖</u>から<u>できて</u>います。

今日も缶のおしるこを休憩時間に飲んでいると、新入社員のリーさんが話しかけてきました。

「トモコさん、それ何の飲み物ですか？」

中国で生まれたリーさんは、缶のおしるこを知らなかったようです。

「缶のおしるこよ。甘くておいしいし、体も温まるの。中国にはなかった？」

リーさんは首を横に振ります。そこでトモコは、自動販売機からもう1本買って、リーさんにおごってあげることにしました。

「わあ、色が真っ黒ですね」

缶を開けて中をのぞきこんだリーさんは、飲むのをためらっています。

「大丈夫だから、ひと口飲んでみて！」

トモコがはげますと、リーさんは目をつぶり、ごくっと飲みました。

「あれ？ おいしい！」

「そうでしょう。見た目はちょっと変だけど、飲みだすと止まらないのよね」

リーさんは缶のおしるこが気に入ったらしく、すぐに飲みほしてしまいました。

実は缶のおしるこには4つも種類がある、とトモコが話すと、リーさんはびっくりしていました。

「みんなおしるこが好きなんですね。次は違う種類の缶のおしるこ、試してみます！」

リーさんが缶のおしるこを好きになってくれたので、トモコはとても満足しました。

その後、リーさんとトモコはときどきいっしょに缶のおしるこを飲む仲になりました。


# おしるこ/Oshiruko

トモコは甘いものが大好きです。食べすぎると太るとわかっていても、やめられません。

Tomoko loves sweet things. She knows she will gain weight if she eats too much, but she can't stop.

最近のお気に入りは、冬になるとよく見かける缶のおしるこです。これは甘く温かい飲み物で、ゆでた小豆と砂糖からできています。

Her latest favorite is canned oshiruko, which you often see in winter. This is a sweet, warm drink made from boiled adzuki beans and sugar.

今日も缶のおしるこを休憩時間に飲んでいると、新入社員のリーさんが話しかけてきました。

Today, as she was drinking canned oshiruko during a break, a new employee, Ms. Lee, spoke to her.

「トモコさん、それ何の飲み物ですか？」

"Tomoko, what kind of drink is that?"

中国で生まれたリーさんは、缶のおしるこを知らなかったようです。

Born in China, she seemed unfamiliar with canned oshiruko.

「缶のおしるこよ。甘くておいしいし、体も温まるの。中国にはなかった？」

"It's canned oshiruko. It's sweet and delicious, and it warms you up. Did they not have it in China?"

リーさんは首を横に振ります。そこでトモコは、自動販売機からもう1本買って、リーさんにおごってあげることにしました。

She shook her head. So Tomoko decided to buy another one from the vending machine and treat her.

「わあ、色が真っ黒ですね」

"Wow, it's jet black!"

缶を開けて中をのぞきこんだリーさんは、飲むのをためらっています。

Ms. Lee opened the can and peered inside, hesitating to drink it.

「大丈夫だから、ひと口飲んでみて！」

"It's okay, just give it a try!"

トモコがはげますと、リーさんは目をつぶり、ごくっと飲みました。

Encouraged by Tomoko, she closed her eyes and took a big gulp.

「あれ？ おいしい！」

"Huh? It's delicious!"

「そうでしょう。見た目はちょっと変だけど、飲みだすと止まらないのよね」

"I know, right? It looks a little strange, but once you start drinking it, you can't stop."

リーさんは缶のおしるこが気に入ったらしく、すぐに飲みほしてしまいました。

It seemed Ms. Lee liked the canned oshiruko, and she finished it in no time.

実は缶のおしるこには4つも種類がある、とトモコが話すと、リーさんはびっくりしていました。

When Tomoko told her there were actually four different kinds of canned oshiruko, she was surprised.

「みんなおしるこが好きなんですね。次は違う種類の缶のおしるこ、試してみます！」

"So many people like oshiruko! Next time, I'll try a different kind of canned oshiruko!"

リーさんが缶のおしるこを好きになってくれたので、トモコはとても満足しました。

Tomoko was very happy that Ms. Lee had grown to like canned oshiruko.

その後、リーさんとトモコはときどきいっしょに缶のおしるこを飲む仲になりました。

After that, Ms. Lee and Tomoko sometimes drank canned oshiruko together.

## 要約/Summary

トモコが休憩時間に缶のおしるこを飲んでいると、新入社員のリーさんが近づいてきました。中国出身のリーさんは缶のおしるこを知らなかったため、トモコはもう1本買ってあげました。見た目に少し戸惑うリーさんでしたが、一口飲むと、そのおいしさに驚き、すぐに飲み干しました。この出来事をきっかけに、二人はときどき一緒におしるこを飲む仲になりました。

During her break, Tomoko was drinking canned oshiruko when new employee Li approached her. Li, who was from China, had never tried canned oshiruko before, so Tomoko bought her another can. Li seemed a bit confused by its appearance, but after taking a sip, she was surprised by how delicious it was and quickly finished it. This incident led the two to occasionally drink canned oshiruko together.

# 単語リスト/Vocabulary List

| Japanese | Reading | English |
| --- | --- | --- |
| 甘い | amai | *sweet* |
| 大好き | daisuki | *love* |
| 食べすぎる | tabe sugiru | *you eat too much* |
| 太る | futoru | *to gain weight* |
| わかっていても | wakatte ite mo | *even if you know* |
| やめられません | yameraremasen | *can't stop* |
| 最近 | saikin | *recently* |
| お気に入り | okiniiri | *favorite* |
| 冬 | fuyu | *winter* |
| よく | yoku | *often* |
| 見かける | mikakeru | *to come across* |
| 缶 | kan | *can* |
| おしるこ | oshiruko | *sweet red bean soup* |
| 温かい | atatakai | *warm* |
| 飲み物 | nomimono | *beverage* |
| ゆでた | yudeta | *boiled* |
| 小豆 | azuki | *adzuki beans* |
| 砂糖 | satou | *sugar* |

| Japanese | Reading | English |
| --- | --- | --- |
| できて | dekite | *made from* |
| 今日 | kyou | *today* |
| 休憩時間 | kyuukei jikan | *break time* |
| 飲んで | nonde | *to drink* |
| 新入社員 | shinnyuu shain | *new employee* |
| 話しかけて | hanashikakete | *spoke to* |
| 何の | nan no | *what* |
| 中国 | chuugoku | *China* |
| 生まれた | umareta | *was born* |
| 知らなかった | shiranakatta | *didn't know* |
| おいしい | oishii | *delicious* |
| 体 | karada | *body* |
| 温まる | atatamaru | *to get warm* |
| 首を横に振り | kubi wo yoko ni furi | *shakes one's head* |
| 自動販売機 | jidou hanbaiki | *vending machine* |
| 1本 | ippon | *one bottle* |
| 買って | katte | *to buy* |
| おごってあげる | ogotte ageru | *to treat someone* |
| 色 | iro | *color* |
| 真っ黒 | makkuro | *jet black* |
| 開けて | akete | *to open* |
| 中 | naka | *inside* |

缶のおしるこ - Canned oshiruko (sweet red bean soup)

| Japanese | Reading | English |
| --- | --- | --- |
| のぞきこんだ | nozokikonda | *peered into* |
| ためらっています | tameratte imasu | *is hesitating* |
| 大丈夫 | daijoubu | *okay* |
| ひと口 | hitokuchi | *one sip* |
| 飲んでみて | nonde mite | *try to drink it* |
| はげます | hagemasu | *to encourage* |
| 目 | me | *eyes* |
| つぶり | tsuburi | *to close* |
| ごくっと | gokutto | *with a gulp* |
| 見た目 | mitame | *appearance* |
| ちょっと | chotto | *a little* |
| 変 | hen | *strange, weird* |
| 飲みだす | nomidasu | *to start drinking* |
| 止まらない | tomaranai | *can't stop* |
| 気に入った | kiniitta | *came to like* |
| らしく | rashiku | *seems* |
| すぐに | sugu ni | *immediately* |
| 飲みほして | nomihoshite | *drinking it all up* |
| 実は | jitsu wa | *actually* |
| 4つ | yottsu | *four units* |
| 種類 | shurui | *kind* |
| びっくりして | bikkuri shite | *was surprised* |

| Japanese | Reading | English |
| --- | --- | --- |
| みんな | minna | *everyone* |
| 好き | suki | *like, favorite* |
| 次は | tsugi wa | *next time* |
| 違う | chigau | *different* |
| 試してみます | tameshite mimasu | *will try* |
| 好きになって | suki ni natte | *came to like it* |
| とても | totemo | *really* |
| 満足しました | manzoku shimashita | *was satisfied* |
| その後 | sono go | *after that* |

# 問題/Questions

1. 休憩時間、トモコは何を飲んでいましたか？

What was Tomoko drinking during her break?

A. 缶のおしるこ / Canned oshiruko

B. コーヒー / Coffee

C. お茶 / Tea

2. リーさんはどこの国出身ですか？

Where is Ms. Lee from?

A. アメリカ / America

B. 中国 / China

C. 韓国 / South Korea

3. リーさんは、缶を開けたとき中身を見てどう思いましたか？

What did Ms. Lee think when she opened the can and saw what was inside?

A. きれいな色だと思った / She thought it had a beautiful color.

B. 真っ黒だと思った / She thought it was jet black.

C. 早く飲みたいと思った / She wanted to drink it quickly.

4. 缶のおしるこを一口飲んだ後、リーさんはどうしましたか？

What happened to Ms. Lee after she drank the canned oshiruko?

A. むせた / She choked.

B. びっくりしておいしいと言った / She was surprised and said it was delicious.

C. 辛いと言った / She said it was spicy.

5. この出来事の後、トモコとリーさんはどんな関係になりましたか？

What kind of relationship did Tomoko and Ms. Lee have after this event?

A 連絡を取らなくなった / They stopped contacting each other.

B 一緒におしるこを飲む仲になった / They became to drink canned oshiruko together.

C けんかをしてしまった / They had a fight.

## 答/Answers

1.     A. 缶のおしるこ

Canned oshiruko

2.     B. 中国

China

3.     B. 真っ黒だと思った

She thought it was jet black.

4.     B. びっくりしておいしいと言った

She was surprised and said it was delicious

5.     B. 一緒におしるこを飲む仲になった

They became to drink canned oshiruko together.

# CHAPTER 8
## ごみ捨てのルール - Rules for garbage disposal

ある<u>秋の日</u>、トモコが<u>いつものように</u>ごみを<u>捨て</u>にいくと、<u>近所</u>に<u>住む</u>おじいさんと<u>出会い</u>ました。

おじいさんは<u>両手</u>で<u>扇風機</u>を<u>かかえて</u>、<u>ごみ置き場</u>の<u>前</u>をうろうろしています。

<u>気になった</u>トモコは<u>声をかけ</u>ました。

「<u>どうなさったんですか</u>？」

おじいさんはホッとした様子で話しはじめました。

「夏の終わりに扇風機がこわれたんだ。今日は燃えないごみの日だから、捨てようと思ったんだよ。でも、本当に捨てていいか迷ってしまってね」

トモコの住む市では、ごみの種類によって、捨てる曜日が決められています。月曜日は燃えるごみの日で、木曜日は燃えないごみの日です。

でも、扇風機を燃えないごみの日に捨てていいのか、トモコにもとっさにはわかりませんでした。ごみ捨てのルールは複雑なのです。

助けてあげたいけど、誰に聞けばいいんだろう……。そうだ！

トモコはポケットからスマホを取り出しました。

「たしか市のHPに、ごみの種類別の捨て方があったはずです」

おじいさんがトモコのスマホをのぞきこみます。

「ほうほう、今どきはこうやって調べるのか」

トモコが調べてみると、おじいさんの持ってきた扇風機は大きいため、粗大ごみとして出さなければならないことがわかりました。

「助かったよ、トモコさん。ありがとうな」

おじいさんは<u>笑顔</u>でトモコに<u>礼を言い</u>、扇風機を<u>持ち帰りまし</u><u>た</u>。

トモコもおじいさんの<u>役に立てて</u>、<u>とても</u>すがすがしい<u>気分</u>になりました。

## ごみ捨てのルール / Rules for garbage disposal

ある秋の日、トモコがいつものようにごみを捨てにいくと、近所に住むおじいさんと出会いました。

One autumn day, as Tomoko went to take out the garbage as usual, she met an old man who lived in her neighborhood.

おじいさんは両手で扇風機をかかえて、ごみ置き場の前をうろうろしています。

The old man was wandering around in front of the garbage collection point, holding an electric fan with both hands.

気になったトモコは声をかけました。

Curious, Tomoko called out to him.

「どうなさったんですか？」

"What's the matter?"

おじいさんはホッとした様子で話しはじめました。

Looking relieved, the old man began to talk.

「夏の終わりに扇風機がこわれたんだ。今日は燃えないごみの日だから、捨てようと思ったんだよ。でも、本当に捨てていいか迷ってしまってね」

"This electric fan broke at the end of summer. Today is the day for non-burnable garbage, so I thought I'd throw it away. But I'm not sure if I'm allowed to."

トモコの住む市では、ごみの種類によって、捨てる曜日が決められています。月曜日は燃えるごみの日で、木曜日は燃えないごみの日です。

In Tomoko's city, the day for disposing of garbage is determined by the type of garbage. Mondays are for burnable garbage, and Thursdays are for non-burnable garbage.

でも、扇風機を燃えないごみの日に捨てていいのか、トモコにもとっさにはわかりませんでした。ごみ捨てのルールは複雑なのです。

However, Tomoko didn't know offhand if it was okay to throw away an electric fan on a non-burnable garbage day. The rules for garbage disposal are complicated.

助けてあげたいけど、誰に聞けばいいんだろう……。そうだ！

I want to help him, but who should I ask...? Oh, I know!

トモコはポケットからスマホを取り出しました。

Tomoko took out her smartphone from her pocket.

「たしか市のHPに、ごみの種類別の捨て方があったはずです」

"I'm pretty sure the city's HP has information on how to dispose of different types of garbage."

おじいさんがトモコのスマホをのぞきこみます。

The old man peered into Tomoko's smartphone.

「ほうほう、今どきはこうやって調べるのか」

"Oh, so this is how people look things up these days."

トモコが調べてみると、おじいさんの持ってきた扇風機は大きいため、粗大ごみとして出さなければならないことがわかりました。

After Tomoko looked it up, she found that the electric fan the old man had was too big, and it had to be disposed of as bulky garbage.

「助かったよ、トモコさん。ありがとうな」

"You've saved me, Tomoko. Thank you."

おじいさんは笑顔でトモコに礼を言い、扇風機を持ち帰りました。

The old man smiled, thanked Tomoko, and took the fan home.

トモコもおじいさんの役に立てて、とてもすがすがしい気分になりました。

Tomoko was also happy to have been able to help the old man and felt very refreshed.

## 要約/Summary

ある秋の日、トモコがごみを捨てに行くと、扇風機を捨てようとして迷っているおじいさんと出会いました。トモコがスマホで市のホームページを調べてあげると、おじいさんの扇風機は粗大ごみとして出さなければならないことがわかりました。トモコは彼の役に立てたと思い、すがすがしい気分になりました。

One autumn day, as Tomoko was taking out the garbage, she met an old man who was hesitating about throwing away an electric fan. Tomoko looked up the city's website on her smartphone and found that the old man's electric fan had to be disposed of as bulky garbage. Tomoko was happy to be able to help him and felt very refreshed.

# 単語リスト/Vocabulary List

| Japanese | Reading | English |
| --- | --- | --- |
| 秋の日 | aki no hi | *autumn day* |
| いつものように | itsumo no youni | *as usual* |
| ごみ | gomi | *garbage* |
| 捨てにいく | sute ni iku | *to go to throw it away* |
| 近所 | kinjo | *neighborhood* |
| 住む | sumu | *to live in* |
| おじいさん | ojiisan | *an old man* |
| 出会いました | deaimashita | *encountered* |
| 両手 | ryoute | *both hands* |
| 扇風機 | senpuuki | *an electric fan* |
| かかえて | kakaete | *holding* |
| ごみ置き場 | gomi okiba | *garbage collection point* |
| 前 | mae | *front* |
| うろうろ | urouro | *wandering around* |
| 気になった | ki ni natta | *was curious* |
| 声をかけました | koe wo kakemashita | *spoke to* |

| Japanese | Reading | English |
| --- | --- | --- |
| どうなさったんですか | dou nasatta n desu ka | *What's the matter? (polite)* |
| ホッとした | hotto shita | *relieved* |
| 様子 | yousu | *appearance* |
| 話しはじめました | hanashi hajimemashita | *started to talk* |
| 夏の終わり | natsu no owari | *the end of summer* |
| こわれた | kowareta | *broke* |
| 今日は | kyou wa | *today* |
| 燃えないごみ | moenai gomi | *non-burnable garbage* |
| 捨てようと思った | suteyou to omotta | *thought about throwing away* |
| 本当に | hontou ni | *really* |
| 迷って | mayotte | *became confused* |
| 曜日 | youbi | *day of the week* |
| 決められています | kimerarete imasu | *is set* |
| 月曜日 | getsu youbi | *Monday* |
| 燃えるごみ | moeru gomi | *burnable garbage* |
| 木曜日 | mokuyoubi | *Thursday* |
| とっさには | tossani wa | *on the spur of the moment, offhand* |
| わかりません | wakarimasen | *don't understand* |
| ルール | ruuru | *rule* |

| Japanese | Reading | English |
| --- | --- | --- |
| 複雑 | fukuzatsu | *complicated* |
| 助けてあげたい | tasukete agetai | *want to help* |
| 誰に | dare ni | *to whom* |
| 聞けばいい | kikeba ii | *should ask* |
| ポケット | poketto | *pocket* |
| スマホ | sumaho | *smartphone* |
| 取り出し | toridashi | *take out* |
| たしか | tashika | *if I remember correctly* |
| HP | eichi pii, hoomu peeji | *homepage* |
| 種類別 | shurui betsu | *by type* |
| 捨て方 | sutekata | *how to dispose* |
| あったはず | atta hazu | *should have been there* |
| のぞきこみます | nozoki komimasu | *peers into* |
| ほうほう | houhou | *oh, I see* |
| 今どき | imadoki | *nowadays* |
| こうやって | kou yatte | *like this* |
| 調べる | shiraberu | *to look up* |
| 持ってきた | motte kita | *brought* |
| 大きいため | ookii tame | *because it's big* |
| 粗大ごみ | sodai gomi | *bulky garbage* |
| 出さなければならない | dasanakereba naranai | *must dispose of* |

| Japanese | Reading | English |
| --- | --- | --- |
| 助かった | tasukatta | *you saved me* |
| ありがとう | arigatou | *thank you* |
| 礼を言い | rei wo ii | *said thanks* |
| 持ち帰りました | mochikaeri mashita | *took it back home* |
| 役に立てて | yaku ni tatete | *to be of help* |
| とても | totemo | *very* |
| すがすがしい | sugasugashii | *refreshing* |
| 気分 | kibuni | *feeling* |

# 問題/Questions

1. トモコがごみ置き場で出会ったのは誰でしたか？

Who did Tomoko meet at the garbage collection point?

A. おばあさん / An old woman

B. おじいさん / An old man

C. 旅行者 / A traveler

2. おじいさんが持っていたのは何でしたか？

What was the old man holding?

A. テレビ / A TV

B. 冷蔵庫 / A refrigerator

C. 扇風機 / An electric fan

3. おじいさんがごみを捨てようとしたのは、何曜日でしたか？

What day of the week was it when the old man tried to throw away the garbage?

A. 月曜日 / Monday

B. 木曜日 / Thursday

C. 金曜日 / Friday

4.　　おじいさんが持っていたごみの種類は何でしたか？

What kind of garbage did the old man have?

A. 燃えるごみ / Burnable garbage

B. 燃えないごみ / Non-burnable garbage

C. 粗大ごみ / Bulky garbage

5.　　トモコはおじいさんを助けて、どんな気持ちになりましたか？

How did Tomoko feel after helping the old man?

A. 不安になった / Anxious

B. がっかりした / Disappointed

C. すがすがしい気分になった / Refreshed

# 答/Answers

1.    B. おじいさん

   An old man

2.    C. 扇風機

   An electric fan

3.    B. 木曜日

   Thursday

4.    C. 粗大ごみ

   Bulky garbage

5.    C. すがすがしい気分になった

   Refreshed

# CHAPTER 9
## 猫カフェ - Cat café

会社の昼休み、トモコと同僚のミサキはコーヒーを飲みながらおしゃべりしていました。

最近行った猫カフェが素敵だった、とミサキはとても楽しそうに話しています。

「いいなぁ。実は私、猫カフェって行ったことないの」

うらやましくなったトモコがそう伝えると、ミサキはびっくりしたような顔になりました。

「トモコ、ペットアレルギーでもあった？」

トモコは首を振り、ミサキに言いました。

「アレルギーはないわよ。でも猫カフェって、ふつうのカフェじゃないでしょ？ だから友達を誘いにくくて」

コーヒーや紅茶を飲むタイプのカフェと違い、猫カフェでは猫が主役。人は猫を驚かせないよう、静かに話したり動いたりしなければなりません。

「じゃあ私と行こうよ！おすすめの猫カフェに案内するから！」

ミサキがそう言ってくれたので、トモコはうれしくなってうなずきました。

そして週末、2人は猫カフェへ。そこはゆったりした空間で、たくさんの猫たちが床やソファ、棚の上などでくつろいでいます。

店員さんから猫をさわるときの注意点を聞いた後、トモコはおそるおそる、ソファでくつろいでいる黒猫のそばに座りました。

ゆっくり猫の背中をなでると、ニャーと気持ちよさそうに鳴きます。

「かわいいわね。いやされるわ」

すると黒猫はトモコに気をゆるしたのか、ひざの上に乗ってきました。

「猫のおやつ、あげてみない?」

いつの間に買ったのか、ミサキが店内で売られているおやつを手渡してくれました。

黒猫の目は、そのおやつに釘付けです。

手におやつをのせ、ゆっくり差し出すと、黒猫はすぐ食べ始めました。

おやつにつられてか、ほかの猫たちもトモコのまわりに集まってきます。

「モテモテだね、トモコ!」

ミサキにからかわれながら、トモコは猫たちに笑顔でおやつを配ったのでした。

## 猫カフェ / Cat cafe

会社の昼休み、トモコと同僚のミサキはコーヒーを飲みながらおしゃべりしていました。

During her company's lunch break, Tomoko was chatting with her colleague Misaki over coffee.

最近行った猫カフェが素敵だった、とミサキはとても楽しそうに話しています。

Misaki was talking very happily about a cat cafe she had recently visited, saying it was wonderful.

「いいなぁ。実は私、猫カフェって行ったことないの」

"That's so nice. Actually, I've never been to a cat cafe."

うらやましくなったトモコがそう伝えると、ミサキはびっくりしたような顔になりました。

When Tomoko said this, feeling a little jealous, Misaki looked surprised.

「トモコ、ペットアレルギーでもあった？」

"Tomoko, do you have a pet allergy or something?"

トモコは首を振り、ミサキに言いました。

Tomoko shook her head and said to Misaki.

「アレルギーはないわよ。でも猫カフェって、ふつうのカフェじゃないでしょ？　だから友達を誘いにくくて」

"I don't have an allergy. But a cat cafe isn't a regular cafe, is it? That's why it's hard to invite friends."

コーヒーや紅茶を飲むタイプのカフェと違い、猫カフェでは猫が主役。人は猫を驚かせないよう、静かに話したり動いたりしなければなりません。

Unlike cafes where you drink coffee or tea, cats are the main stars at a cat cafe. People must talk and move quietly so as not to startle the cats.

「じゃあ私と行こうよ！おすすめの猫カフェに案内するから！」

"Then let's go together! I'll take you to a cat cafe I recommend!"

ミサキがそう言ってくれたので、トモコはうれしくなってうなずきました。

When Misaki said that, Tomoko happily nodded.

そして週末、2人は猫カフェへ。そこはゆったりした空間で、たくさんの猫たちが床やソファ、棚の上などでくつろいでいます。

That weekend, the two of them went to the cat cafe. It was a spacious place, and many cats were relaxing on the floor, sofas, and shelves.

店員さんから猫をさわるときの注意点を聞いた後、トモコはおそるおそる、ソファでくつろいでいる黒猫のそばに座りました。

After hearing the staff's instructions on how to touch the cats, Tomoko hesitantly sat down next to a black cat relaxing on a sofa.

ゆっくり猫の背中をなでると、ニャーと気持ちよさそうに鳴きます。

When she slowly stroked its back, it let out a comfortable "meow."

「かわいいわね。いやされるわ」

"You're so cute. This is so soothing."

すると黒猫はトモコに気をゆるしたのか、ひざの上に乗ってきました。

Then, as if the black cat had relaxed its guard toward Tomoko, it climbed onto her lap.

「猫のおやつ、あげてみない？」

"How about giving it a cat treat?"

いつの間に買ったのか、ミサキが店内で売られているおやつを手渡してくれました。

Misaki, who had apparently bought them without her noticing, handed her some treats sold in the cafe.

黒猫の目は、そのおやつに釘付けです。

The black cat's eyes were fixed on the treats.

手におやつをのせ、ゆっくり差し出すと、黒猫はすぐ食べ始めました。

When she put a treat in her hand and slowly offered it, the black cat immediately began to eat.

おやつにつられてか、ほかの猫たちもトモコのまわりに集まってきます。

Lured by the treats, other cats also gathered around Tomoko.

「モテモテだね、トモコ！」

"You're so popular, Tomoko!"

ミサキにからかわれながら、トモコは猫たちに笑顔でおやつを配ったのでした。

Teased by Misaki, Tomoko smiled and handed out treats to the cats.

## 要約/Summary

会社の昼休み、同僚のミサキに猫カフェの話を聞いたトモコは、行ったことがないと話しました。それを聞いたミサキは、週末に一緒に行こうと誘います。そして週末、2人は猫カフェを訪れました。初めての猫カフェで、トモコが猫におやつをあげると、たくさんの猫たちがトモコの周りに集まってきました。ミサキはトモコを人気者だねとからかいました。

During a lunch break at work, Tomoko heard her colleague, Misaki, talk about a cat cafe. Tomoko confessed that she'd never been to a cat cafe. Hearing this, Misaki invited her to go together on the weekend. The two of them visited the cat cafe. When Tomoko gave a treat to a cat for the first time, many other cats gathered around her. Misaki teased Tomoko, saying she was popular.

# 単語リスト/Vocabulary List

| Japanese | Reading | English |
| --- | --- | --- |
| 会社 | kaisha | *company* |
| 昼休み | hiruyasumi | *lunch break* |
| 同僚 | douryou | *colleague* |
| コーヒー | koohii | *coffee* |
| 飲みながら | nomi nagara | *drinking* |
| おしゃべり | oshaberi | *chatting* |
| 最近 | saikin | *recently* |
| 行った | itta | *went* |
| 猫 | neko | *cat* |
| カフェ | kafe | *cafe* |
| 素敵 | suteki | *wonderful* |
| とても | totemo | *very* |
| 楽しそう | tanoshisou | *looks fun* |
| 話して | hanashite | *to talk* |
| いいなぁ | iinaa | *That's so nice* |
| 実は | jitsu wa | *actually* |
| 私 | watashi | *I* |
| うらやましく | urayamashiku | *envious* |
| 伝える | tsutaeru | *to tell* |

| Japanese | Reading | English |
| --- | --- | --- |
| びっくりした | bikkurishita | *surprised* |
| 顔 | kao | *face* |
| ペットアレルギー | petto arerugii | *pet allergy* |
| 首を振り | kubi wo furi | *shook her head* |
| 言いました | iimashita | *said* |
| ふつう | fustuu | *normal* |
| 誘いにくくて | sasoinikukute | *it's hard to invite* |
| 紅茶 | koucha | *tea* |
| タイプ | taipu | *type* |
| 違い | chigai | *different* |
| 主役 | shuyaku | *star* |
| 驚かせないよう | odorokasenaiyou | *so as not to startle* |
| 静かに | shizukani | *quietly* |
| 動いた | ugoita | *to move* |
| おすすめの | osusume no | *recommended* |
| 案内する | annaisuru | *to guide* |
| うれしくなって | ureshikunatte | *was delighted* |
| うなずきました | unazukimashita | *nodded* |
| 週末 | shuumatsu | *weekend* |
| 2人 | futari | *two people* |
| ゆったりした | yuttarishita | *spacious* |
| 空間 | kuukan | *space* |

| Japanese | Reading | English |
| --- | --- | --- |
| たくさんの | takusan no | *a lot of* |
| 床 | yuka | *floor* |
| ソファ | sofaa | *sofa* |
| 棚 | tana | *shelf* |
| 上 | ue | *on something* |
| くつろいで | kutsuroide | *is relaxing* |
| 店員 | ten in | *staff* |
| さわる | sawaru | *touch* |
| 注意点 | chuuiten | *cautions* |
| 聞いた | kiita | *listened to* |
| 後 | ato | *after* |
| おそるおそる | osoruosoru | *hesitantly* |
| 黒猫 | kuroneko | *black cat* |
| そばに | sobani | *beside* |
| 座りました | suwarimashita | *sat down* |
| ゆっくり | yukkuri | *slowly* |
| 背中 | senaka | *back* |
| なでる | naderu | *to stroke* |
| 気持ちよさそう | kimochiyosasou | *looks comfortable* |
| ニャー | nyaa | *meow* |
| 鳴きます | nakimasu | *to meow* |
| かわいい | kawaii | *cute* |
| いやされる | iyasareru | *to be soothed* |

| Japanese | Reading | English |
|---|---|---|
| 気をゆるした | ki wo yurushita | *let one's guard down* |
| ひざ | hiza | *lap* |
| 乗って | notte | *sit on* |
| おやつ | oyatsu | *snack, treat* |
| あげて | agete | *give* |
| いつの間に | itsuno mani | *without one's noticing* |
| 買った | katta | *bought* |
| 店内 | tennai | *inside the store* |
| 売られている | urareteiru | *sold* |
| 手渡して | tewatashite | *handed it to* |
| 目 | me | *eye* |
| 釘付け | kugizuke | *fixed on* |
| 手 | te | *hand* |
| 差し出す | sashidasu | *to offer* |
| すぐ | sugu | *immediately* |
| 食べ始めました | tabehajimemashita | *began to eat* |
| つられて | tsurarete | *lured by* |
| ほかの | hokano | *other* |
| まわり | mawari | *around* |
| 集まって | atsumatte | *gather around* |
| モテモテ | mote mote | *Popular* |

# 問題/Questions

1.　トモコとミサキが猫カフェの話をしたのはいつです
か？

When did Tomoko and Misaki talk about the cat cafe?

A. 週末 / On the weekend

B. 会社の昼休み / During their company's lunch break

C. 仕事が終わった後 / After work

2.　トモコが猫カフェに行ったことがなかった理由は何
でしたか？

What was the reason Tomoko had never been to a cat cafe?

A. 猫にアレルギーがあったから / Because she had an allergy to cats

B. 友達を誘いにくかったから / Because it was hard to invite friends

C. 猫が苦手だったから / Because she didn't like cats

3.　猫カフェで、トモコは最初にどの猫に近づきました
か？

At the cat cafe, which cat did Tomoko first approach?

A. ソファでくつろいでいる黒猫 / A black cat relaxing on a sofa

B. 床で寝ている茶色い猫 / A brown cat sleeping on the floor

C. 店の入り口にいた猫 / A cat at the entrance of the cafe

4. 　　トモコが猫をなでると、猫はどんな鳴き声をあげましたか？

When Tomoko stroked the cat, what kind of sound did it make?

A. ニャーと気持ちよさそうな声 / A pleasant "meow"

B. フーッと威嚇するような声 / A threatening "hiss"

C. クーンと悲しそうな声 / A sad "whine"

5. 　　トモコが猫におやつをあげた後、どうなりましたか？

What happened after Tomoko gave the cat a treat?

A. 猫たちは興味を示さなかった / The cats didn't show any interest

B. ほかの猫たちもトモコのまわりに集まってきた / Other cats also gathered around Tomoko

## C. 猫たちはすぐに寝てしまった / The cats immediately fell asleep

# 答/Answers

1. **B.** 会社の昼休み / During their company's lunch break

2. **B.** 友達を誘いにくかったから / Because it was hard to invite friends

3. **A.** ソファでくつろいでいる黒猫 / A black cat relaxing on a sofa

4. **A.** ニャーと気持ちよさそうな声 / A pleasant "meow"

5. **B.** ほかの猫たちもトモコのまわりに集まってきた / Other cats also gathered around Tomoko

# CHAPTER 10
## 引っ越し - Moving house

<u>最近</u>、トモコは<u>引っ越し</u>すべきかどうかについて<u>悩んでい</u>ました。

<u>今住んでいるマンション</u>に<u>不満</u>はありません。しかし、<u>会社からかなり遠い</u>のです。さらに、<u>電車</u>を2回乗り換えなければならず、<u>とても面倒</u>に<u>感じて</u>いました。

もっと通勤に便利なところに引っ越すべきなのかも。でも、家賃が今より高くなるのは困るし……。

そこでトモコは、ケントと会ったときに相談してみました。

「トモコの会社、僕の実家がある町からだと、電車1本で行けるよ。家賃もたぶん、今と同じくらいじゃないかな？」

ケントは自分が住んでいる町を引っ越し先に勧めました。

インターネットで調べてみると、たしかに家賃もそう高くありません。しかも、女性向けのおしゃれなマンションも多いようです。トモコはすっかり引っ越しに乗り気になりました。

「引っ越すなら2月、3月、4月は避けたほうがいいよ。引っ越し料金が高くなるからね」

ケントが言うには、その3ヵ月は転勤や入学、入社などで引っ越しする人が多いため、自然と料金が上がってしまうとのこと。

「わかったわ、ありがとう。よさそうな部屋があったら内見しようと思うの。そのときは付き合ってくれる？」

トモコがそう頼むと、ケントはにっこり笑ってうなずきました。

「もちろん。それにもしトモコが僕の町に来てくれたら、毎日でも会えるね。妹のヒナもきっと喜ぶよ」

その後、2人はインターネットを見ながら、楽しく次に住む部屋探しをしたのでした。

## 引っ越し/Moving house

最近、トモコは引っ越しすべきかどうかについて悩んでいました。

Lately, Tomoko had been wondering if she should move.

今住んでいるマンションに不満はありません。しかし、会社からかなり遠いのです。さらに、電車を2回乗り換えなければならず、とても面倒に感じていました。

She wasn't unhappy with the apartment she was living in, but it was quite far from her company. On top of that, she had to transfer trains twice, which was a real hassle.

もっと通勤に便利なところに引っ越すべきなのかも。でも、家賃が今より高くなるのは困るし……。

Maybe I should move to a place with an easier commute. But if the rent ends up higher than it is now, that would be a problem...

そこでトモコは、ケントと会ったときに相談してみました

So, when Tomoko met Kento, she asked for his advice.

「トモコの会社、僕の実家がある町からだと、電車1本で行けるよ。家賃もたぶん、今と同じくらいじゃないかな？」

"From the town where my parents and I live, you can get to your company on one train. The rent is probably about the same as yours now, too."

ケントは自分が住んでいる町を引っ越し先に勧めました。

Kento recommended the town he was living in as a potential moving destination.

インターネットで調べてみると、たしかに家賃もそう高くありません。しかも、女性向けのおしゃれなマンションも多いようです。トモコはすっかり引っ越しに乗り気になりました。

When she looked it up online, the rent wasn't all that high. And it seemed there were many stylish apartments for women. Tomoko was completely sold on the idea of moving.

「引っ越すなら2月、3月、4月は避けたほうがいいよ。引っ越し料金が高くなるからね」

"You should avoid moving in February, March, and April because moving fees get expensive."

ケントが言うには、その3ヵ月は転勤や入学、入社などで引っ越しする人が多いため、自然と料金が上がってしまうとのこと。

According to Kento, a lot of people move for job transfers, school entrance, and starting a new job during those three months, so the fees naturally go up.

「わかったわ、ありがとう。よさそうな部屋があったら内見しようと思うの。そのときは付き合ってくれる？」

"I see, thanks. If I find a good room, I'd like to go see it. Will you come with me then?"

トモコがそう頼むと、ケントはにっこり笑ってうなずきました。

When Tomoko asked, Kento smiled and nodded.

「もちろん。それにもしトモコが僕の町に来てくれたら、毎日でも会えるね。妹のヒナもきっと喜ぶよ」

"Of course. And if you move to my town, we can see each other every day. My sister Hina will be happy, too."

その後、2人はインターネットを見ながら、楽しく次に住む部屋探しをしたのでした。

After that, the two had fun searching for the next room to live in while looking online.

## 要約/Summary

トモコは家が会社から遠く、通勤に不便なことから引っ越しを検討していました。そこで友人であるケントに相談したところ、ケントが住んでいる町を勧められました。その町は家賃が手頃で、おしゃれな物件も多いことから、トモコは引っ越しに前向きになります。ケントから引っ越し料金が上がる時期についてのアドバイスをもらい、トモコは彼と一緒に次の部屋探しを始めました。

Tomoko was considering moving house because her current apartment was far from her company and her commute was inconvenient. When she consulted her friend Kento, he recommended the town he lived in. Since the rent there was affordable and there were many stylish apartments, Tomoko became interested in moving. After receiving advice from Kento about when moving fees increase, Tomoko began searching for a new room with him.

# 単語リスト/Vocabulary List

| Japanese | Reading | English |
| --- | --- | --- |
| 最近 | saikin | recently |
| 引っ越し | hikkoshi | moving house |
| 悩んで | nayande | to worry |
| 今 | ima | currently |
| 住んでいる | sundeiru | live |
| マンション | manshon | apartment |
| 不満 | fuman | dissatisfaction |
| 会社 | kaisha | company |
| かなり | kanari | quite |
| 遠い | tooi | far |
| さらに | sarani | furthermore |
| 電車 | densha | train |
| 2回 | ni kai | twice |
| 乗り換え | norikae | transfer (trains) |
| とても | totemo | very |
| 面倒 | mendou | troublesome |
| 感じて | kanjite | feel |
| もっと | motto | more |
| 通勤 | tsuukin | commuting |

| Japanese | Reading | English |
| --- | --- | --- |
| 便利 | benri | convenient |
| ところ | tokoro | place |
| 家賃 | yachin | rent |
| 高くなる | takakunaru | go up |
| 困る | komaru | in trouble |
| 会った | atta | met |
| 相談して | soudan shite | to consult |
| 僕の | boku no | my (male) |
| 実家 | jikka | parents' house |
| 町 | machi | town |
| 1本 | ippon | one line |
| 行ける | ikeru | can get to |
| たぶん | tabun | probably |
| 同じくらい | onajikurai | about the same |
| 自分 | jibun | myself |
| 先 | saki | destination |
| 勧めました | susumemashita | recommended |
| インターネット | intaanetto | online |
| 調べて | shirabete | to check |
| たしかに | tashikani | indeed |
| しかも | shikamo | moreover |
| 女性 | josei | woman |

| Japanese | Reading | English |
| --- | --- | --- |
| 向け | muke | for |
| おしゃれな | osharena | stylish |
| 多い | ooi | many |
| すっかり | sukkari | completely |
| 乗り気になりました | norikininarimashita | got excited |
| 2月 | nigatsu | February |
| 3月 | sangatsu | March |
| 4月 | shigatsu | April |
| 避け | sake | avoid |
| 料金 | ryoukin | fee, charge |
| 言う | iu | say |
| 3ヵ月 | san ka getsu | during three months |
| 転勤 | tenkin | job transfer |
| 入学 | nyuugaku | school entrance |
| 入社 | nyuusha | starting a new job |
| 自然と | shizen to | naturally |
| 上がって | agatte | going up |
| わかった | wakatta | I see |
| ありがとう | arigatou | thank you |
| 部屋 | heya | room |
| 内見 | naiken | viewing a property |

| Japanese | Reading | English |
| --- | --- | --- |
| 思う | omou | to think |
| 付き合って | tsukiatte | to come with |
| 頼む | tanomu | to ask |
| にっこり | nikkori | smiling |
| 笑って | waratte | to smile |
| うなずき | unazuki | nod |
| もちろん | mochiron | of course |
| 来て | kite | come |
| 2人 | futari | two people |
| 見ながら | minagara | while looking at |
| 次に | tsugini | next |
| 楽しく | tanoshiku | happily |
| 部屋探し | heyasagashi | apartment hunting |

## 問題/Questions

1. トモコが引っ越しを検討しているのはなぜですか？

Why is Tomoko considering moving?

A. 今のマンションが狭いから / Because her current apartment is small.

B. 今のマンションの家賃が高いから / Because the rent of her current apartment is        expensive.

C. 会社から遠くて通勤に不便だから / Because it's far from her company and the commute is inconvenient.

2. トモコが引っ越しについて相談した相手は誰ですか？

Who did Tomoko consult about moving?

A. ケント / Kento

B. ヒナ / Hina

C. 同僚 / A coworker

3. ケントがトモコに勧めた町の家賃は、どうでしたか？

What was the rent like in the town that Kento recommended to Tomoko?

A. 今の家賃よりかなり高かった / It was much more expensive than her current rent.

B. 今の家賃と同じくらいだった / It was about the same as her current rent.

C. 今の家賃よりかなり安かった / It was much cheaper than her current rent.

4.　　　ケントは引っ越しを避けるべき時期はいつだと言いましたか？

When did Kento say Tomoko should avoid moving?

A. 1月、2月、3月 / January, February, and March

B. 2月、3月、4月 / February, March, and April

C. 3月、4月、5月 / March, April, and May

5.　　　トモコがケントに「付き合ってくれる？」と頼んだのは、どんな時ですか？

When did Tomoko ask Kento, "Will you come with me?"

A. 映画を見るとき / When she watches a movie.

B. 食事をするとき / When she goes to a restaurant.

C. 内見をするとき / When she views a property.

# 答/Answers

1.  C. 会社から遠くて通勤に不便だから

Because it's far from her company and the commute is inconvenient.

2.  A. ケント

Kento

3.  B. 今の家賃と同じくらいだった

It was about the same as her current rent.

4.  B. 2月、3月、4月

February, March, and April

5.  C. 内見をするとき

When she views a property.

# おわりに

この本をお読みいただきありがとうございます！トモコの冒険はいかがでしたか？

トモコの物語を楽しみながら、日常生活で役立つ日本語も学んでいただけたなら幸いです。本書でも触れられているように、スマートフォンのバッテリー切れなど、困った状況に陥ることもあるでしょう。本書は、日本でそのような状況に対処する上でも役立つはずです。

本書を読み返して、自分がトモコの立場だったらどう対処するかを考えてみるのも楽しいかもしれません。

単語や表現を思い出したい時は、いつでも本書を見返してください。そうすれば、日本語の読み書きがもっとスムーズになるはずです！頑張ってください！

**Thank you for joining Tomoko's journey!**

How did you enjoy walking beside her through everyday life in Japan? I hope her adventures not only entertained you but also gave you useful Japanese phrases and expressions you can carry into real situations. From small challenges—like running out of phone battery—to simple conversations, these stories are here to prepare you for the moments that matter.

Revisiting Tomoko's tales can be a powerful way to strengthen your memory. Each time you return, you'll notice new words, phrases, and cultural details becoming more familiar and natural.

Keep practicing, keep exploring, and keep imagining yourself in Tomoko's shoes. The more often you do, the more confident your Japanese reading, writing, and speaking will become.

Your journey with Japanese doesn't end here—it's only just beginning.